UNE FRANCE CATHOLIQUE ET ROYALE

Pour Dieu, la France, le Roi

Auteur : Emmanuel PROUST, cadre, né en 1979.

Document rédigé à Paris entre janvier 2014 et novembre 2018.

2ème édition revue et corrigée novembre 2024.

Vous pouvez suivre mon actualité en vous abonnant à ma page Facebook :

https://www.facebook.com/emmanuel.proust.5891

POUR UNE FRANCE CATHOLIQUE ET ROYALE à été commenté intégralement sur Youtube :

Vous pouvez aussi accéder à plus de contenus sur ma chaîne Youtube :

Je vous encourage à diffuser au maximum ce document, en indiquant un lien vers mon LinkedIn :

https://www.linkedin.com/in/emmanuel-proust/

« Non, vénérables Frères, il faut le rappeler énergiquement dans ces temps d'anarchie sociale et intellectuelle où chacun se pose en docteur et en législateur, on ne bâtira pas la cité autrement que Dieu ne l'a bâtie ; on n'édifiera pas la société si l'Église n'en jette les bases et ne dirige les travaux ; non, la civilisation n'est plus à inventer ni la cité nouvelle à bâtir dans les nuées. Elle a été, elle est ; c'est la civilisation chrétienne, c'est la cité catholique. Il ne s'agit que de l'instaurer et la restaurer sans cesse sur ses fondements naturels et divins contre les attaques toujours renaissantes de l'utopie malsaine, de la révolte et de l'impiété : omnia instaurare in Christo. »

Saint Pie X, Notre charge apostolique, 25 août 1910

« Je régnerai malgré mes ennemis »

Le Sacré-Cœur à Sainte Marguerite-Marie Alacoque.

Livre de la Sagesse, chapitre 6 :

« [1] Écoutez donc, ô rois, et comprenez ; écoutez l'instruction, vous qui jugez les extrémités de la terre. [2] Prêtez l'oreille, vous qui dominez sur la multitude, qui êtes fiers de commander à des foules de peuples. [3] Sachez que la force vous a été donnée par le Seigneur, et la puissance par le Très-Haut, qui examinera vos œuvres et sondera vos pensées. [4] Parce que, étant les ministres de sa royauté, vous n'avez pas jugé avec droiture, ni observé la loi, ni marché selon la volonté de Dieu ; [5] terrible et soudain, il fondra sur vous, car un jugement sévère s'exerce sur ceux qui commandent. [6] Aux petits, on pardonne par pitié ; mais les puissants sont puissamment châtiés.[7] Le souverain de tous ne reculera devant personne, il ne s'arrêtera par respect devant aucune grandeur; car il a fait les grands et les petits, et il prend soin des uns comme des autres. [8'] Mais les puissants seront soumis à une épreuve plus rigoureuse. [9] C'est donc à vous, ô rois, que s'adressent mes discours, afin que vous appreniez la sagesse et que vous ne tombiez point.[10] Ceux qui observent saintement les saintes lois seront sanctifiés, et ceux qui les auront apprises auront de quoi répondre.[11] Mettez donc vos complaisances dans mes paroles, désirez-les, et vous aurez l'instruction. »

TABLE DES MATIÈRES

INTRODUCTION

Le but de cet ouvrage est de couronner le Christ-Roi dans toutes les sphères de la société, qu'elles soient individuelles, familiales, professionnelles ou institutionnelles. Pour cela, nous nous appuierons sur la Révélation de la Parole de Dieu dans la Bible[1], le Magistère de l'Église catholique à travers notamment son catéchisme et ses encycliques et enfin l'enseignement de Saint Thomas d'Aquin, docteur de l'Église.

Les piliers de la Chrétienté à construire, véritable civilisation de

---

1 Les citations de la Bible seront tirées du site Bibliaclerus - 2007

l'amour seront les 10 commandements, parachevés par les 2 commandements d'amour de Notre Seigneur Jésus-Christ, ainsi que les Béatitudes.

Le Décalogue, formule catéchétique[2] :

- Premier commandement : Un seul Dieu tu aimeras et adoreras parfaitement.
- Deuxième commandement : Son saint nom tu respecteras, fuyant blasphème et faux serment.
- Troisième commandement : Le jour du Seigneur garderas, en servant Dieu dévotement.

---

2 P. Card. Gasparri, Catechismus Catholicus, Vatican 1933 p. 23-24

- Quatrième commandement :
Tes père et mère honoreras,
tes supérieurs pareillement.
- Cinquième commandement :
Meurtre et scandale éviteras,
haine et colère également.
- Sixième commandement : La
pureté observeras, en tes
actes soigneusement.
- Septième commandement :
Le bien d'autrui tu ne
prendras, ni retiendras
injustement.
- Huitième commandement :
La médisance banniras et le
mensonge également.
- Neuvième commandement :
En pensées, désirs veilleras à
rester pur entièrement.
- Dixième commandement :
Bien d'autrui ne convoiteras
pour l'avoir malhonnêtement.

Les 2 commandements de l'amour (Matthieu XXII, 36-40) :

> [36] " Maître, quel est le plus grand commandement de la Loi? " [37] Il lui dit: " Tu aimeras le Seigneur ton Dieu de tout ton cœur, de toute ton âme et de tout ton esprit. [38] C'est là le plus grand et le premier commandement. [39] Un second lui est égal: Tu aimeras ton proche comme toi-même. [40] En ces deux commandements tient toute la Loi, et les Prophètes. "

Nous pouvons compléter ces commandements par la règle d'or à savoir faire aux autres ce que l'on aimerait qu'ils nous fassent et ne pas leur faire ce que nous ne voulons pas qu'ils nous fassent (cf. Matthieu VII, 12).

Les Béatitudes (Matthieu V, 3-12) :

« *¹ Voyant les foules, il monta sur la montagne, et lorsqu'il se fut assis, ses disciples s'approchèrent de lui. ² Alors, prenant la parole, il se mit à les enseigner, en disant: ³ " Heureux les pauvres en esprit, car le royaume des cieux est à eux! ⁴ Heureux ceux qui sont affligés, car ils seront consolés! ⁵ Heureux ceux qui sont doux, car ils posséderont la terre! ⁶ Heureux ceux qui ont faim et soif de la justice, car ils seront rassasiés! ⁷ Heureux les miséricordieux, car ils obtiendront miséricorde! ⁸ Heureux ceux qui ont le cœur pur, car ils verront Dieu! ⁹ Heureux les pacifiques, car ils seront appelés enfants de Dieu! ¹⁰ Heureux ceux qui souffrent* persécution pour la justice, car le royaume des cieux est à eux!

¹¹ Heureux serez-vous, lorsqu'on vous insultera, qu'on vous persécutera, et qu'on dira faussement toute sorte de mal contre vous, à cause de moi. ¹² Réjouissez-vous et soyez dans l'allégresse, parce que votre récompense est grande dans les cieux; car c'est ainsi qu'ils ont persécuté les prophètes qui ont été avant vous. »

La Royauté Sociale de Notre Seigneur Jésus-Christ est une obligation.

EXTRAITS DE L'ENCYCLIQUE « QUAS PRIMAS, DE L'INSTITUTION D'UNE FÊTE DU CHRIST-ROI » (11 décembre 1925) DE SA SAINTETÉ LE PAPE PIE XI :

« 21. Les États, à leur tour, apprendront par la célébration annuelle de cette fête que **les gouvernants et les magistrats ont l'obligation, aussi bien que les particuliers, de rendre au Christ un culte public et d'obéir à ses lois.** *Les chefs de la société civile se rappelleront, de leur côté, le dernier jugement, où le Christ accusera ceux qui l'ont expulsé de la vie publique, mais aussi ceux qui l'ont dédaigneusement mis de côté ou ignoré, et punira de*

pareils outrages par les châtiments les plus terribles; car sa dignité royale exige que l'État tout entier se règle sur les commandements de Dieu et les principes chrétiens dans l'établissement des lois, dans l'administration de la justice, dans la formation intellectuelle et morale de la jeunesse, qui doit respecter la saine doctrine et la pureté des mœurs. »

Jésus-Christ est donc roi, mais tout particulièrement roi de France.

Ainsi Marie Lataste (1822-1847) au cours d'une de ses visions, reçu ces paroles de Notre Sauveur en 1843 :

« Le premier roi, le premier souverain de la France, c'est moi ! Je suis le maître de tous les peuples, de toutes les nations, de tous les empires, de toutes les dominations. Je suis particulièrement le maître de la France. Je lui donne prospérité, grandeur et puissance au-dessus de toutes les nations, quand elle est fidèle à écouter ma voix»[3].

Cette Parole de Jésus-Christ est aussi validée par un événement capital de l'histoire de France pourtant fort méconnu : **la triple donation**, le mardi 21 juin 1429 à 16 heures, en l'abbaye de Fleury-sur-Loire appelée ensuite Saint-Benoît-sur-Loire. Cet épisode est

____

3. Abbé Pascal DARBINS, *Vie de Marie Lataste*, p. 395 et suivantes

relaté dans le <u>Breviarium historiale</u>, consultable à la Bibliothèque Vaticane.

Ainsi, le 21 juin 1429, Jehanne d'Arc dit au futur Charles VII: «*Sire, me promettez-vous de me donner ce que je vous demanderai ?*» Le Roi hésite, puis consent. «*Sire, donnez-moi votre royaume*». Le Roi, stupéfait, hésite de nouveau ; mais, tenu par sa promesse et subjugué par l'ascendant surnaturel de la jeune fille : «*Jehanne,* lui répondit-il*, je vous donne mon royaume*». <u>(1re donation)</u> Cela ne suffit pas : la Pucelle exige qu'un acte notarié en soit solennellement dressé et signé par les quatre secrétaires du Roi; après quoi, voyant celui-ci tout interdit et embarrassé de ce qu'il avait fait : «*Voici le plus pauvre chevalier de France : il n'a plus* *rien»*. Puis aussitôt après, très grave et s'adressant aux secrétaires : *«Écrivez*, dit-elle : *Jehanne donne le royaume à Jésus-Christ»* <u>(2e donation)</u> Et bientôt après :« *Jésus rend le royaume à Charles »*. <u>(3e donation)</u>.

Jésus-Christ est donc Roi de France comme le Roi très chrétien du saint royaume de France est son lieu-tenant.

Le Pape Saint Pie X disait à Mgr Touchet, le 13 décembre 1908 :

« Vous direz aux Français qu'ils fassent leur trésor des testaments de Saint Rémi, de Charlemagne et de Saint Louis, qui se résument dans ces mots si souvent répétés par l'héroïne d'Orléans : **"Vive le**

Christ qui est Roi de France". *À ce titre seulement la France est grande parmi les nations. À cette clause, Dieu la protégera et la fera libre et glorieuse. À cette condition, on pourra lui appliquer ce qui, dans les Livres saints, est dit d'Israël : personne ne s'est rencontré qui insulte ce peuple sauf quand il s'éloigne de Dieu. »*

Le présent ouvrage se veut un programme le plus synthétique possible pour faire régner le Christ-Roi dans nos cœurs, nos foyers, nos nations. Il propose pour tous les grands thèmes politiques, une doctrine et des éléments généraux de programme.

La Politique se doit de concourir au Bien Commun qui est, dans la Justice : la paix, la liberté et la dignité humaine, la sécurité sanitaire et matérielle et le salut des âmes. Les institutions doivent aider les hommes à être vertueux et à faire leur salut grâce à une législation conforme à la loi naturelle et aux sacrements d'une Église catholique libre. Elles devront donc aussi les dissuader autant que possible de commettre des péchés mortels et même véniels.

« *De la forme donnée à la société, conforme ou non aux lois divines, dépend et découle le bien ou le mal des âmes, c'est-à-dire le fait que les hommes, appelés tous à être vivifiés par la grâce du Christ, respirent, dans les contingences terrestres du cours de la vie, l'air sain et vivifiant de la vérité et des vertus morales ou, au contraire, le microbe morbide et souvent mortel de l'erreur et de la dépravation. »*[4]

« Qu'on y songe bien : sans la religion, il ne saurait y avoir de moralité et d'ordre public dans un état. Il est donc nécessaire de revenir à la loi chrétienne, si l'on veut former une société solide, juste et équitable. Tout édifice qui ne repose pas sur une base solide et sûre s'écroule. »[5]

Concluons cette introduction par la Parole de Dieu :

---

4. Pie XII, Discours du 1er juin 1941 pour le cinquantième anniversaire de l'encyclique Rerum novarum.

5. Pie XII, Lettre encyclique Meminisse Iuvat du 14 juillet 1958 sur les prières pour l'Église persécutée.

« [1]   *Cantique des montées. De Salomon. Si Yahweh ne bâtit pas la maison, en vain travaillent ceux qui la bâtissent; si Yahweh ne garde pas la cité, en vain la sentinelle veille à ses portes.* »

LA MISSION DE LA FRANCE

La mission divine et universelle de la France commence à Reims à la Noël 496 avec le baptême du roi Clovis par Saint Rémi. Clovis devient ainsi « Fils aîné de l'Église » et la France prend le titre de « Fille aînée de l'Église » en tant que première grande nation catholique.

Lors de la cérémonie toute miraculeuse et surnaturelle[6], Saint Rémi, alors évêque de Reims[7] dit à Clovis :

---

6   Cf. le miracle de la Sainte Ampoule apporté par une colombe au milieu de parfums tout célestes et la voix qui se fit entendre : "La Paix soit avec vous! C'est Moi, ne craignez point, persévérez dans Mon Amour"

« *Apprenez, mon Fils, que* **le Royaume de France est prédestiné par Dieu à la défense de l'Église romaine** *qui est la seule véritable Église du Christ. Ce royaume sera un jour grand entre tous les royaumes, il embrassera les limites de l'empire romain et il soumettra tous les peuples à son sceptre... Il durera jusqu'à la fin des temps ! Il sera victorieux et prospère tant qu'il sera fidèle à la foi romaine, mais il sera rudement châtié toutes les fois où il sera infidèle à sa vocation.* »

Ce sera ce que l'on appelle le Pacte de Reims entre Dieu et la France. Celle-ci est donc dès ses origines vouée à la défense de la Sainte

---

7   L'évêque de Reims est traditionnellement associé aux sacres des rois de France.

Église catholique, ce que confirme cet extrait de la lettre du pape Grégoire IX au Roi de France Louis IX du 21 octobre 1239 :

« *Dieu, auquel obéissent les légions célestes, ayant établi ici-bas des royaumes différents, suivant la diversité des langues et des climats, a conféré à un grand nombre de gouvernements des missions spéciales pour l'accomplissement de Ses desseins.*

Et comme autrefois Il préféra la tribu de Juda à celles des autres fils de Jacob et comme Il la gratifia de bénédictions spéciales, ainsi Il choisit la France, de préférence à toutes les autres nations de la terre, pour la protection de la foi catholique et pour la défense de la liberté religieuse. Pour ce motif, la France est le Royaume de Dieu même, les ennemis de la France sont les ennemis du Christ.

De même qu'autrefois la tribu de Juda reçut d'en-haut une bénédiction toute spéciale parmi les autres fils du patriarche Jacob ; de même le Royaume de France est au-dessus de tous les autres peuples, couronné par Dieu lui-même de prérogatives extraordinaires. La tribu de Juda était la figure anticipée du Royaume de France. »

Le saint pape Jean-Paul II au Bourget le 1 juin 1980 nous exhorte :

« France, fille aînée de l'Église, es-tu fidèle aux promesses de ton baptême ? Permettez-moi de vous demander : **France, fille aînée de l'Église et éducatrice des**

peuples, es-tu fidèle, pour le bien de l'homme, à l'Alliance avec la Sagesse éternelle ? »

La mission de la France est ainsi d'exécuter la Volonté de Dieu : "Gesta Dei per Francos" (les gestes de Dieu par les Francs).

Concluons ce chapitre par la prière des Francs :

Dieu Tout-Puissant et Éternel, qui avez constitué le royaume des Francs pour être l'instrument de vos divines volontés sur la terre, le glaive et le bouclier de notre Mère la Sainte Église, *nous vous prions de montrer aux Français ce qu'ils doivent faire pour réaliser votre règne en ce monde*, afin que l'ayant vue ils se dévouent à l'accomplir à force de charité, de courage et de persévérance.

Nous vous en supplions, par Notre Seigneur Jésus-Christ, Roi de France.

Ainsi soit-il

LES DEVOIRS DES HOMMES

Dans son grand classique les *Exercices spirituels* Saint Ignace de Loyola (1491-1556) énonce : « L'homme est créé pour louer, honorer et servir Dieu, Notre Seigneur, et, par ce moyen, sauver son âme. Et les autres choses qui sont sur la Terre sont créées à cause de l'homme et pour l'aider dans la poursuite de la fin que Dieu lui a marquée en le créant. D'où il suit qu'il doit en faire usage autant qu'elle le conduise vers sa fin et qu'il doit s'en dégager autant qu'elles l'en détournent. »

Le saint orthodoxe Séraphin de Sarov (1754-1833) disait très justement :. "Le but de la vie chrétienne est l'acquisition du Saint-Esprit". Il faut donc **prier souvent le Saint-Esprit** ; car si on le possède, on possède tout. En tout, la prière se doit d'être humble, persévérante et confiante.

Voici une liste de recommandations pour toute personne soucieuse du salut éternel de son âme, son bien le plus précieux :

1/ Respecter les Commandements de Dieu et de notre Bonne Mère la Sainte Église catholique :

Les commandements de l'Église

- Le premier commandement : les dimanches et les autres jours de fête de précepte, les fidèles sont tenus par l'obligation de participer à la Sainte Messe et de s'abstenir des œuvres serviles

- Le deuxième commandement : tout fidèle est tenu par l'obligation de confesser ses péchés au moins une fois par an.

- Le troisième commandement : tout fidèle est tenu par l'obligation de recevoir la Sainte Communion au moins chaque année à Pâques.

- Le quatrième commandement : aux jours de pénitence fixés par l'Église, les fidèles sont tenus par l'obligation de s'abstenir de viande et d'observer le jeûne.

– Le cinquième commandement : les fidèles sont tenus par l'obligation de subvenir aux besoins de l'Église.

Les commandements de l'Église relatifs aux sacrements de la pénitence et de la communion constituent un strict minimum. En réalité, il est conseillé de se confesser très régulièrement (au moins une fois par mois) et de prendre l'Eucharistie le plus souvent possible,de manière quotidienne.

Extrait du catéchisme de Saint Pie X :

<u>« Quels effets produit en nous la très sainte Eucharistie ?</u>

Voici les principaux effets que produit la très sainte Eucharistie en celui qui la reçoit dignement :

1 elle conserve et accroît la vie de l'âme qui est la grâce, comme la nourriture matérielle soutient et accroît la vie du corps ;

2 elle remet les péchés véniels et préserve des péchés mortels ;

3 elle produit la consolation spirituelle.

<u>La très sainte Eucharistie ne produit-elle pas en nous d'autres effets ?</u>

Si, la très sainte Eucharistie produit encore en nous trois autres effets, à savoir :

1 elle affaiblit nos passions et, en particulier, elle amortit en nous le feu de la concupiscence ;

2 elle accroît en nous la ferveur et nous aide à agir en conformité avec les désirs de Jésus-Christ ;

3 elle nous donne un gage de la gloire future et de la résurrection de notre corps. »

« *Celui qui mange ma chair et boit mon sang a la vie éternelle, et moi, je le ressusciterai au dernier jour.* » (Jean VI,54)

2/ Faire autant que possible des actes de miséricorde :

Extrait du catéchisme de Saint Pie X :

<u>Quelles sont les bonnes œuvres dont il nous sera demandé un compte particulier au jour du jugement ?</u>

Les bonnes œuvres dont il nous sera demandé un compte particulier au jour du jugement sont les œuvres de miséricorde.

<u>Qu'entend-on par œuvre de miséricorde ?</u>

L'œuvre de miséricorde est celle par laquelle on secourt les besoins spirituels ou corporels du prochain.

Les œuvres de miséricorde corporelle sont :

1 donner à manger à ceux qui ont faim,

2 donner à boire à ceux qui ont soif,

3 vêtir ceux qui sont nus,

4 abriter les étrangers,

5 visiter les infirmes,

6 visiter les prisonniers,

7 ensevelir les morts.

Les œuvres de miséricorde spirituelle sont :

1 conseiller ceux qui en ont besoin,

2 instruire les ignorants,

3 exhorter les pécheurs

4 consoler les affligés

5 pardonner les offenses

6 supporter patiemment les personnes ennuyeuses

7 prier Dieu pour les vivants et pour les morts

3/ Adorer le Très Saint Sacrement autant que possible.

Voici la méthode ARDOR afin de structurer la prière. D'abord se mettre en présence de Dieu, puis :

A=adorer
R=remercier
D=demander (d'abord le pardon en faisant un examen de conscience et prendre des résolutions pour réparer et ne plus tomber dans le péché, puis demander des grâces)
O=offrir
R=résolution(s)

4/ Réciter le chapelet quotidiennement (et si possible en famille) tel que le répète la Très Sainte Vierge Marie lors de ses nombreuses apparitions notamment à Fatima au Portugal en 1917. La récitation quotidienne du chapelet a été demandée à chacune des six apparitions.

13 mai 1917 : « *Récitez le chapelet tous les jours pour obtenir la paix pour le monde et la fin de la guerre* ».

13 juin 1917 : « *Je veux (...) que vous disiez le chapelet tous les jours* ».

13 juillet 1917 : « *Je veux (...) que vous continuiez à réciter le chapelet tous les jours en l'honneur de Notre-Dame du Rosaire, pour obtenir la paix du monde et la fin de la guerre* ».

Notre-Dame ajouta : « *Quand vous réciterez le chapelet, dites après chaque Mystère :*

« Ô mon Jésus, pardonnez-nous nos péchés, préservez-nous du feu de l'enfer,et conduisez au Ciel toutes les âmes, surtout

celles qui ont le plus besoin de votre miséricorde. »

<u>À titre personnel, nous rajoutons après cette prière :</u>

« Que par la Miséricorde de Dieu, les âmes des fidèles trépassés reposent en Paix. Ainsi soit-il. »

« Saint Michel Archange, de ta Lumière, éclaire-nous ;

Saint Michel Archange, de tes ailes, protège-nous ;

Saint Michel Archange, de ton épée, défends-nous. »

19 août 1917 : « Je veux (…) que vous continuiez à réciter le chapelet tous les jours ».

13 septembre 1917 : « Continuez à réciter le chapelet pour obtenir la fin de la guerre ».

13 octobre 1917 : « Je suis Notre-Dame du Rosaire. Que l'on continue toujours à dire le chapelet tous les jours ».

Les 15 Promesses de la Sainte Vierge à Saint Dominique et au Bienheureux Alain de la Roche

(Imprimatur du 27 décembre 1934 par le F. Pouet, vicaire général de Rennes)

1/ À tous ceux qui réciteront dévotement mon Rosaire, je promets ma protection toute spéciale et de très grandes grâces.

2/ Celui qui persévérera dans la récitation de mon Rosaire recevra quelques grâces signalées.

3/ Le Rosaire sera une armure très puissante contre l'enfer; il détruira les vices, délivrera du péché, dissipera les hérésies.

4/ Le Rosaire fera fleurir les vertus et les bonnes œuvres et obtiendra aux âmes les miséricordes divines les plus abondantes; il substituera dans les cœurs l'amour de Dieu à l'amour du monde, les élevant au désir des biens célestes et éternels. Que d'âmes se sanctifieront par ce moyen !

5/ Celui qui se confie en moi par le Rosaire ne périra pas.

6/ Celui qui récitera pieusement mon Rosaire, en considérant ses mystères, ne sera pas accablé par le malheur. Pécheur, il se convertira; juste, il croîtra en grâce et deviendra digne de la vie éternelle.

7/ Les vrais dévots de mon Rosaire seront aidés à leur mort par les secours du ciel.

8/ Ceux qui récitent mon Rosaire trouveront pendant leur vie et à leur mort la lumière de Dieu, la plénitude de ses grâces et ils participeront aux mérites des bienheureux.

9/ Je délivrerai très promptement du purgatoire les âmes dévotes à mon Rosaire.

10/ Les véritables enfants de mon Rosaire jouiront d'une grande gloire dans le ciel.

11/ Ce que vous demanderez par mon Rosaire, vous l'obtiendrez.

12/ Ceux qui propageront mon Rosaire seront secourus par moi dans toutes leurs nécessités.

13/ J'ai obtenu de mon Fils que tous les confrères du Rosaire aient pour frères, en la vie et à la mort, les saints du ciel.

14/ Ceux qui récitent fidèlement mon Rosaire sont tous mes fils bien-aimés, les frères et sœurs de Jésus-Christ.

15/ La dévotion à mon Rosaire est un grand signe de prédestination.

5/ Jeûner au pain et à l'eau au moins 1 fois par semaine. Le jeûne est l'un des moyens les plus puissants pour débarrasser votre âme de l'influence de Satan et de ses démons. (cf. Matthieu ; XVII,

21 : *Mais ce genre (de démon) n'est chassé que par la prière et le jeûne)*. L'esprit de sacrifice, de pénitence et de mortification est nécessaire au salut des âmes et au rapprochement d'avec Dieu. Ainsi, nous pouvons **offrir nos souffrances en union à la Passion** de Notre Sauveur en expiation pour la Rédemption des pécheurs ; aussi vrai que c'est par la Croix que nous sommes rachetés. Aussi il convient de se dégager au maximum des désirs de la chair et des plaisirs du monde.

6/ Essayer de gagner un maximum d'indulgences, si possible, une plénière par jour. Par souci d'efficacité, nous pouvons avoir recours à cette courte prière avec indulgence plénière une fois le jour aux conditions ordinaires par concession de la Sacrée Pénitencerie du 21 février 1923 :

« Ô Christ Jésus, je vous reconnais pour Roi universel. Tout ce qui a été fait a été créé pour vous. Exercez sur moi tous vos droits.

Je renouvelle mes promesses du baptême en renonçant à Satan, à ses pompes et à ses œuvres et je promets de vivre en bon chrétien. Et tout particulièrement, je m'engage à faire triompher selon mes moyens les droits de Dieu et de votre Église.

Divin Cœur de Jésus, je vous offre mes pauvres actions pour obtenir que tous les cœurs reconnaissent votre Royauté sacrée, et que, ainsi, le règne de votre paix s'établisse dans l'univers entier. Ainsi soit-il. »

7/ Pratiquer les dévotions au Sacré-Cœur de Jésus-Christ (notamment avec la pratique des 9 premiers vendredis du mois) et au Cœur Douloureux et Immaculé de la Très Sainte Vierge Marie (notamment par la pratique des 5 premiers samedis du mois).

Le 27 décembre 1673, le Sacré-Cœur apparaît à Marguerite Marie Alacoque et lui demande d'avoir une dévotion à son Sacré-Cœur. Il fixe les deux principales dévotions, l'heure sainte (c'est à dire une heure d'adoration dans la nuit du jeudi au premier vendredi du mois) et la communion du 1er vendredi du mois.

Les 12 Promesses de Notre Seigneur aux dévots de son Sacré-

Cœur révélées à Sainte Marguerite-Marie Alacoque (1647-1690) insérée intégralement dans sa Bulle de canonisation (*Acta Apostolicæ Sedis* 1920, p. 503), en date du 13 mai 1920, par le Pape Benoît XV :

1/ Je leur donnerai toutes les grâces nécessaires à leur état.

2/ Je mettrai la paix dans leurs familles.

3/ Je les consolerai dans toutes leurs peines.

4/ Je serai leur refuge assuré pendant la vie et surtout à la mort.

5/ Je répandrai d'abondantes bénédictions sur toutes leurs entreprises

6/ Les pécheurs trouveront dans mon Cœur la source et l'océan infini de la miséricorde.

7/ Les âmes tièdes deviendront ferventes.

8/ Les âmes ferventes s'élèveront à une grande perfection.

9/ Je bénirai les maisons où l'image de mon Sacré-Cœur sera exposée et honorée.

10/ Je donnerai à ceux qui travaillent au salut des âmes, le talent de toucher les cœurs les plus endurcis.

11/ Les personnes qui propageront cette dévotion auront leur nom écrit dans mon Cœur, où il ne sera jamais effacé.

12/ Je promets, dans l'excès de la miséricorde de mon Cœur, que mon amour tout-puissant accordera à **tous ceux qui communieront le premier vendredi du mois, neuf mois de suite, la grâce de la pénitence finale.** Ils ne mourront point dans ma disgrâce ni sans recevoir les Sacrements, et mon Cœur se rendra leur asile assuré à cette dernière heure.

Notre-Dame à sœur Lucie le 10 décembre 1925 à Pontevedra en Espagne :

« *Tous ceux qui, pendant cinq mois, le premier samedi, se confesseront,* (ou 8 jours après ou avant, l'essentiel est d'être en état de grâce) *recevront la sainte Communion, réciteront un chapelet, et me tiendront compagnie pendant quinze minutes en méditant sur les quinze* mystères du Rosaire, en esprit de réparation, je promets de les assister à l'heure de la mort avec toutes les grâces nécessaires pour le salut de leur âme. »*

Le 13 juin 1917, Notre-Dame de Fatima dit à sœur Lucie : « *Jésus veut se servir de toi pour me faire connaître et aimer. Il veut établir dans le monde la dévotion à mon Cœur immaculé. À ceux qui s'y adonneront, je promets le salut et ces âmes seront chéries par Dieu, comme des fleurs posées par moi pour orner son trône.* »

Cette dévotion a pour objet de réparer les 5 types de blasphèmes et d'offenses contre le Cœur Immaculé de Marie. Notre Seigneur

Jésus-Christ a révélé à sœur Lucie à Tuy la nuit du 29 au 30 mai 1930.

1. Les blasphèmes contre l'Immaculé Conception.

2. Les blasphèmes contre Sa virginité.

3. Les blasphèmes contre Sa maternité divine, en refusant en même temps de la reconnaître comme Mère des hommes.

4. Les blasphèmes de ceux qui cherchent publiquement à mettre dans le coeur des enfants l'indifférence ou le mépris, ou même la haine à l'égard de Notre Mère Immaculée.

5. Les offenses de ceux qui l'outragent directement dans les saintes images.

"À la fin mon Cœur Immaculé triomphera." Notre-Dame de Fatima, le 13 juillet 1917.

8/ Porter le scapulaire brun de Notre-Dame du Mont Carmel.

Promesse de la Sainte Vierge faite à Saint Simon Stock le 16 juillet 1251 :

"Celui qui mourra revêtu de cet habit sera sauvé, il ne souffrira jamais des feux éternels. C'est un signe de salut, une sauvegarde dans les dangers, un gage de paix et d'éternelle alliance.

Pour être préservé de l'enfer, il suffit d'avoir porté le scapulaire avec une intention droite au moment de la mort. L'imposition se fait par un prêtre ou un diacre avec un rituel particulier.

Notre-Dame, en 1322 au cardinal Jacques Duez, futur Pape Jean XXII :

« *Si au jour de leur passage en l'autre vie, ils (les enfants du Carmel) sont amenés au purgatoire, j'y descendrai le samedi qui suivra leur décès et je délivrerai ceux que j'y trouverai et les ramènerai à la montagne sainte et à la vie éternelle.* »

Pour la délivrance du purgatoire le samedi suivant la mort (c'est le **privilège sabbatin**), **trois conditions sont requises** : porter habituellement le Scapulaire, conserver la chasteté de son état et réciter quotidiennement le petit Office de la Très Sainte Vierge Marie. Les prêtres ont le pouvoir de commuer cette obligation un peu difficile, par exemple par la récitation quotidienne du chapelet.

9/ Être vigilant sur nos moindres pensées, mouvements de l'âme et de l'être (paroles, actions et omissions) **et priez sans cesse**. (cf. Luc XXI, 36). Cela rejoint la « petite voie » de sainte Thérèse de l'Enfant-Jésus (1873-1897), docteur de l'Église, consistant à tout faire avec grand amour, même les plus petites choses.

10/ Transmettre la Foi à son entourage par l'exemple et par sa joie nourrie d'espérance. Canon 210 du Code de droit canonique de 1983 : « *Tous les fidèles doivent, chacun selon sa condition propre, s'efforcer de mener une vie sainte, et promouvoir la croissance et la sanctification continuelle de l'Église.* »

DE LA FAMILLE ET DE L'ÉDUCATION

La Tradition enseigne que la fin primaire du mariage est la génération et l'éducation des enfants, que les fins secondaires sont l'aide mutuelle et le remède à la concupiscence, et que ces fins secondaires sont "essentiellement subordonnées à la fin primaire". « *Cela vaut pour tout mariage, même infécond* » (Pie XII).

Voici un extrait concernant la vie familiale de la lettre de Saint Paul aux Éphésiens, chapitre V :

« 22   Que les femmes soient soumises à leurs maris, comme au Seigneur; 23, car le mari est le chef de la femme, comme le Christ est le chef de l'Église, son corps, dont il est le Sauveur. 24 Or, de même que l'Église est soumise au Christ, les femmes doivent être soumises à leurs maris en toutes choses. 25 Maris, aimez vos femmes, comme le Christ a aimé l'Église et s'est livré lui-même pour elle, 26 afin de la sanctifier, après l'avoir purifiée dans l'eau baptismale, avec la parole, 27 pour la faire paraître, devant lui, cette Église, glorieuse, sans tache, sans ride, ni rien de semblable, mais sainte et immaculée. 28 C'est ainsi que les maris doivent aimer leurs femmes, comme leurs propres corps. Celui qui aime sa femme s'aime lui-même. 29, Car jamais personne n'a haï sa propre chair; mais il la nourrit et l'entoure de soins, comme fait le Christ pour l'Église, 30 parce que nous sommes membres de son corps [formés " de sa propre chair et de ses os]. " 31 " C'est pourquoi l'homme quittera son père et sa mère pour s'attacher à sa femme, et de deux ils deviendront une seule chair. " 32 Ce mystère est grand; je veux dire, par rapport au Christ et à l'Église. 33 Au reste, que chacun de vous, de la même manière, aime sa femme comme soi-même, et que la femme révère son mari. »

Chapitre VI :

« 1 Enfants, obéissez à vos parents dans le Seigneur, car cela est juste. 2 " Honore ton père et ta mère -

c'est le premier commandement, accompagné d'une promesse. - [3] afin que tu sois heureux et que tu vives longtemps sur la terre. " [4] Et vous, pères, n'exaspérez pas vos enfants, mais élevez-les en les corrigeant et en les avertissant selon le Seigneur. [5] Serviteurs, obéissez à vos maîtres selon la chair avec respect et crainte et dans la simplicité de votre cœur, comme au Christ, [6] ne faisant pas seulement le service sous leurs yeux, comme pour plaire aux hommes, mais en serviteurs du Christ, qui font de bon cœur la volonté de Dieu. [7] Servez-les avec affection, comme servant le Seigneur, et non des hommes, [8] assurés que chacun, soit esclave, soit libre, sera récompensé par le Seigneur de ce qu'il aura fait de bien. [9] Et vous, maîtres, agissez de même à leur égard et laissez là les menaces, sachant que leur Seigneur et le vôtre est dans les cieux et qu'il ne fait pas acception de personne. »

Le mariage étant un sacrement, il est indissoluble et soumis à la juridiction de l'Église. Le mariage religieux est donc le seul reconnu par l'État. Le « divorce » sera donc réglé conformément au droit canon.

Lettre encyclique Arcanum divinae du 10 février 1880 Sur le mariage chrétien - Léon XIII :

« Le mariage étant donc, de lui-même, par essence et par nature, une chose sacrée, doit être réglé et régi, non par le pouvoir des princes, mais par la divine autorité

de l'Église, seule maîtresse des choses sacrées.

Il faut considérer ensuite la dignité du sacrement qui, en se surajoutant au mariage chrétien, l'a rendu beaucoup plus noble. Or, par la volonté de Jésus-Christ, l'Église seule peut et doit statuer et disposer sur les sacrements. Il est donc tout à fait absurde de vouloir faire passer aux mains de l'autorité civile la moindre parcelle de ce pouvoir. »

Le modèle typique de la famille restera un père et une mère avec leurs enfants qu'ils ont la responsabilité d'éduquer et de conduire à Dieu. Il est préférable que la mère reste au foyer afin de les éduquer. Pour préserver leur autorité et la paix, les parents ne se disputeront jamais devant leurs enfants. La famille doit se consacrer au Sacré-Cœur de Jésus-Christ et à la Très Sainte Vierge Marie ainsi que leur habitation.

Proverbe chapitre 29 :

« 15 La verge et la correction donnent la sagesse, mais l'enfant abandonné à son caprice fait honte à sa mère. »

Extraits du catéchisme de l'Église catholique de 1992 :

CEC 2251 *Les enfants doivent à leurs parents respect, gratitude, juste obéissance et aide. Le respect filial favorise l'harmonie de toute la vie familiale.*

CEC 2252 *Les parents sont les premiers responsables de l'éducation de leurs enfants à la foi, à la prière et à toutes les vertus. Ils ont le devoir de pourvoir dans toute la mesure du possible aux besoins physiques et spirituels de leurs enfants.*

CEC 2253 Les parents doivent respecter et favoriser la vocation de leurs enfants. Ils se rappelleront et enseigneront que le premier appel du chrétien, c'est de suivre Jésus.

CEC 2211 La communauté politique a le devoir d'honorer la famille, de l'assister, de lui assurer notamment :

– la liberté de fonder un foyer, d'avoir des enfants et de les élever en accord avec ses propres convictions morales et religieuses ; **(dans la foi catholique : NDA)**

– la protection de la stabilité du lien conjugal et de l'institution familiale ;

– la liberté de professer sa foi, de la transmettre, d'élever

ses enfants en elle, avec les moyens et les institutions nécessaires ;

– *le droit à la propriété privée, la liberté d'entreprendre, d'obtenir un travail, un logement, le droit d'émigrer ;*

– *selon les institutions des pays, le droit aux soins médicaux, à l'assistance pour les personnes âgées, aux allocations familiales ;*

– *la protection de la sécurité et de la salubrité, notamment à l'égard des dangers comme la drogue, la pornographie, l'alcoolisme, etc.*

– *La liberté de former des associations avec d'autres familles et d'être ainsi représentées auprès des autorités civiles.*

DE L' ENSEIGNEMENT

"*Comme l'éducation véritable doit avoir pour but la formation intégrale de la personne humaine ayant en vue sa fin dernière en même temps que le bien commun de la société, les enfants et les jeunes seront formés de telle façon qu'ils puissent développer harmonieusement leurs dons physiques, moraux et intellectuels, qu'ils acquièrent un sens plus parfait de la responsabilité et un juste usage de la liberté, et qu'ils deviennent capables de participer activement à la vie sociale*"[8].

---

8 Code de droit canonique de 1983, Canon 795.

Une école catholique est une école où l'on enseigne le catholicisme et où les matières dites profanes sont enseignées catholiquement. Une école catholique dévouera du temps à la prière et au chant grégorien et pourra faciliter l'accès des sacrements par le biais des aumôneries. L'école n'a ni à éduquer sexuellement ni à être mixte afin de préserver la pureté et la chasteté des écoliers.

D'une manière générale, le principe de gratuité doit être maintenu. Le chèque scolaire sera mis en place : les établissements seront financés au prorata des élèves effectivement scolarisés.

Le système éducatif aura la liberté des moyens dans le recrutement et les manuels et les parents dans le choix d'un établissement pour leurs enfants.

Les établissements auront des exigences de résultat avec le respect de méthodes d'apprentissage efficaces et dans le cadre du référentiel des programmes de connaissances et des résultats attendus pour chaque classe établis par l'État. Des contrôles de connaissance réguliers sont indispensables, de même qu'un contrôle des établissements eux-mêmes.

Des classes par niveau entre bons et moins bons élèves seront constituées pour chaque classe d'âge. Il faudra revenir sur le modèle du collège unique, l'âge de la scolarité obligatoire et faciliter l'apprentissage professionnel. Le port de l'uniforme est à prescrire.

ENSEIGNEMENT DU PREMIER NIVEAU :

Ce programme d'enseignement s'adresse à un enfant dont le jugement est encore en formation et qui ne maîtrise pas encore pleinement les mécanismes du raisonnement.

On stimule donc son imagination et sa mémoire à travers l'apprentissage des règles de calcul, de grammaire, d'écriture, de diction et d'expression orale, enrichi par l'acquisition du vocabulaire courant. L'étude des dates marquantes de l'histoire de France s'ajoute à cet enseignement, tout comme le récit des exploits des héros nationaux, qui captivera l'attention des jeunes élèves et éveillera leur fierté pour leur patrie. Les figures des saints devront également être présentées comme des modèles à suivre.

À cet âge propice à l'apprentissage, les enfants assimileront facilement la morale naturelle, qui leur offrira des repères pour vivre en société. Enfin, la géographie leur permettra de découvrir et de comprendre avec intérêt les richesses de nos terroirs. Pour faire fructifier cet héritage, pour le faire vivre, cela implique diverses choses : enseigner l'histoire locale aux enfants, créer des conservatoires folkloriques ou encore remettre les blasons héraldiques à l'honneur.

On initiera les élèves aux sciences de la matière et du vivant. L'apprentissage des arts vivants comme le théâtre et le chant sera favorisé. Dans la cadre de cours sur la santé publique, on insistera sur les méfaits des drogues et de l'abus d'alcool. Il y aura aussi des cours sur les bases du secourisme.

L' apprentissage sera exercé avec des méthodes traditionnelles par exemple le par cœur, en suivant la chronologie pour l'histoire et avec la méthode syllabique concernant l'apprentissage de la lecture.

ENSEIGNEMENT DU DEUXIÈME NIVEAU :

Cultiver l'esprit de manière harmonieuse consiste à former l'intelligence à reconnaître et apprécier le BEAU, le VRAI et le BIEN. L'enseignement à ce stade doit être varié et éviter un excès d'abstraction.

Un enseignement ancré dans le REEL doit viser à consolider les acquis en grammaire et en calcul, tout en développant l'expression écrite et orale à travers la pratique de la rédaction et de l'exposé. Il doit également former l'intelligence à comprendre le plan, l'enchaînement et la dynamique des idées grâce à l'explication de textes littéraires, tout en éveillant l'esprit à la connaissance des hommes par l'étude de la psychologie des personnages, des doctrines, des moralistes et de l'inspiration philosophique des auteurs. Cette approche prépare l'élève à la philosophie et à la théologie.

Pour les élèves capables de les aborder, l'étude du grec et du latin doit être encouragée en raison de leur grande valeur pour la formation intellectuelle et la quête désintéressée de la vérité et de la beauté. L'enseignement doit également former les élèves à la méthodologie des sciences historiques, enrichissant l'histoire militaire et politique par l'étude des doctrines, des croyances religieuses, de la culture, des mentalités, des mœurs et de la vie sociale.

Un retour à des mathématiques moins abstraites et plus adaptées à la vie concrète est également essentiel. Enfin, il convient d'enseigner une philosophie ancrée dans le réel, notamment la scolastique, en rétablissant la notion de connaissance tout en étudiant de manière historique et critique les autres systèmes philosophiques.

La culture générale aura une place importante : histoire des idées, histoire de l'art, histoire des religions, histoire des sciences. On initiera les élèves au droit.

À la fin de leur cursus, tous les élèves d'une école catholique devront suivre une retraite d'un mois basée sur les exercices de saint Ignace de Loyola.

Lettre encyclique Mens Nostra du 20 décembre 1929 Sur Les Exercices Spirituels et l'obligation d'en assurer une pratique toujours plus grande - Pie XI:

« Or, la preuve en est faite, parmi toutes les méthodes, louables assurément, puisque qu'elles sont fondées sur les principes d'une saine ascèse catholique, il en est une qui a toujours tenu le premier rang, honorée de l'approbation entière et maintes fois répétée du Saint-Siège, illustrée par les éloges

de personnages aussi illustres par leur science des choses divines que par leur sainteté, qui a produit, enfin, des fruits innombrables de vertu pendant près de quatre siècles : c'est la méthode de saint Ignace de Loyola, celui qu'il Nous plaît d'appeler le Maître principal et le spécialiste des Exercices Spirituels.

Son admirable livre des Exercices, si mince de volume, mais si lourd de sagesse céleste, depuis qu'il a été solennellement approuvé, loué et recommandé par Notre prédécesseur Paul III, d'heureuse mémoire pour reprendre ici les paroles employées par Nous autrefois, avant d'être appelé à la Chaire de Pierre s'est imposé avec éclat comme le Code le plus sage et le plus universel des lois du salut et de la perfection des âmes, comme la source intarissable de la piété la plus élevée et la plus solide, comme un aiguillon irrésistible et un guide très averti pour aider les âmes à se réformer et atteindre les sommets de la vie spirituelle. »

Un service civique et militaire d'au moins un an sera rendu obligatoire. Obligation sera faite d'avoir les rudiments de base d'un soldat. De plus, l'aspect civil pourra consister à aider à domicile les personnes dépendantes, nettoyer l'espace public et l'environnement, faire des activités d'utilité publique ou humanitaire (à l'étranger ou non), faire du soutien scolaire, etc.

ENSEIGNEMENT SUPÉRIEUR :

Les universités devront être les plus libres et autonomes possibles. L'État n' a pas à avoir le monopole de l'enseignement supérieur, mais il assurera lui-même l'enseignement en vue de ses fonctions régaliennes : armée, police, justice, finances, etc.

POLITIQUE SOCIÉTALE

« Liberté pour tout et tous exceptée pour le mal et les malfaiteurs ». Gabriel Garcia Moreno (1821-1875)[9] .

« Quelle mort plus funeste pour les âmes, que la liberté de l'erreur ! » Saint Augustin. Ep. CLXVI

---

9 Garcia Moreno fut à deux reprises président d'Équateur (1861-1865 et 1869-1875). Fervent catholique, il consacra son pays au Sacré-Cœur en 1873 et fut assassiné en 1875. Il mourut en prononçant ces mots : « Dios no muere! » (Dieu ne meurt pas !)

« De même, la liberté de penser et de publier ses pensées, soustraite à toute règle, n'est pas de soi un bien dont la société ait à se féliciter ; mais c'est plutôt la source et l'origine de beaucoup de maux. – La liberté, cet élément de perfection pour l'homme, doit s'appliquer à ce qui est vrai et à ce qui est bon. Il n'est donc pas permis de mettre au jour et d'exposer aux yeux des hommes ce qui est contraire à la vertu et à la vérité, et bien moins encore de placer cette licence sous la tutelle et la protection des lois. » **Lettre encyclique Immortale Dei du 1er novembre 1885 sur la constitution chrétienne des États - Léon XIII**

« Ce qui ne répond pas à la vérité ou à la loi morale n'a

objectivement aucun droit à l'existence, ni à la propagande, ni à l'action », enseigne Pie XII dans son discours aux juristes catholiques le 6 décembre 1953 . Le mal et l'erreur n'ont donc aucun droit. Il n'y a de droit que pour le bien et la vérité ; pour le mal et l'erreur, il peut y avoir, dans certains cas seulement, une certaine tolérance dans l'intérêt du Bien commun ou pour éviter un plus grand mal que serait une guerre civile ou une cassure de la société.

Ainsi, il doit y avoir **rétablissement d'une censure** concernant les radios, les télévisions, les publications (films, livres, publicités, chansons, média et toutes œuvres d'art) et la mode afin qu'elles ne représentent pas de danger sérieux de scandale ou de corruption morale. De plus, la femme doit être respectée en tant qu'elle ne pourra en aucun cas être présentée comme un objet sexuel.

Interdiction de principe et de leur propagande de : l'avortement, l'euthanasie, l'eugénisme, la recherche sur les embryons (CEC 2274 : puisqu'il doit être traité comme une personne, dès la conception, l'embryon devra être défendu dans son intégrité, soigné et guéri, dans la mesure du possible comme tout autre être humain.), des méthodes contraceptives non naturelles, des aides artificielles à la procréation (CEC 2378 : l'enfant n'est pas un *dû*, mais un *don*.), du clonage humain, de l'esclavage, la pornographie, la prostitution, l'adultère, du divorce, de l'inceste, du viol, de la polygamie, des actes homosexuels, de la torture, de toute forme de divination et de pratiques occultes, du blasphème (respect du deuxième commandement), de l'homicide direct et volontaire, du suicide...

L'avortement reste dans tous les cas un homicide, car la vie est sacrée. (CEC 2270 : *La vie humaine doit être respectée et protégée de manière absolue depuis le moment de la conception*). L'adoption (uniquement par un couple d'un homme et d'une femme uni par le sacrement du mariage - L'État ne reconnaissant pas l'union libre) ou le recueillement par les services sociaux de l'enfant non désiré doivent être envisagés. Il convient donc de développer des foyers maternels pour favoriser l'accueil de la vie par une aide morale et matérielle aux mères (célibataires).

Interdiction de la production, de l'importation et de la vente du tabac, de la drogue (CEC 2291 : *L'usage de la drogue inflige de très graves destructions à la santé et à la vie humaine. En dehors d'indications strictement thérapeutiques, c'est une faute grave. La production clandestine et le trafic de drogues sont des pratiques scandaleuses ; ils constituent une coopération directe, puisqu'ils y incitent, à des pratiques gravement contraires à la loi morale.*), des OGM (organismes génétiquement modifiés)…

Voici quelques extraits du catéchisme de l'Église catholique publié sous Saint Jean Paul II en 1992 :

<u>À propos du premier commandement</u> et plus précisément de l'injonction :

"Tu n'auras pas d'autres dieux devant moi".

CEC 2116 :**Toutes les formes de divination sont à rejeter** *: recours à Satan ou aux démons, évocation des morts ou autres pratiques supposées à tort "dévoiler l'avenir" (cf. Dt 18, 10 ; Jr 29, 8). La consultation des horoscopes, l'astrologie, la chiromancie, l'interprétation des présages et des sorts, les* *phénomènes de voyance, le recours aux médiums recèlent une volonté de puissance sur le temps, sur l'histoire et finalement sur les hommes en même temps qu'un désir de se concilier les puissances cachées. Elles sont en contradiction avec l'honneur et le respect, mêlé de crainte aimante, que nous devons à Dieu seul.*

CEC 2117 : **Toutes les pratiques de magie ou de sorcellerie** *par lesquelles on prétend domestiquer les puissances occultes pour les mettre à son service et obtenir un pouvoir surnaturel sur le prochain – fût-ce pour lui procurer la santé -,* **sont gravement contraires à la vertu de religion**. *Ces pratiques sont plus condamnables encore quand elles s'accompagnent d'une intention de nuire à autrui ou qu'elles recourent ou non à* l'intervention des démons. Le port des amulettes est lui aussi répréhensible. Le spiritisme implique souvent des pratiques divinatoires ou magiques. Aussi l'Église avertit-elle les fidèles de s'en garder. Le recours aux médecines dites traditionnelles ne légitime ni l'invocation des puissances mauvaises ni l'exploitation de la crédulité d'autrui.

À propos du troisième commandement et plus précisément de l'injonction :

« Souviens-toi du jour du Sabbat pour le sanctifier. Pendant six jours tu travailleras et tu feras tout ton ouvrage ; mais le septième jour est un sabbat pour le Seigneur ton

Dieu. Tu n'y feras aucun ouvrage. » *(Ex 20, 8-10 ; cf. Dt 5, 12-15).*

CEC 2193 : *Le dimanche ou les autres jours de précepte, les fidèles s'abstiendront de ces travaux et de ces affaires qui empêchent le culte dû à Dieu, la joie propre du jour du Seigneur ou la détente convenable de l'esprit et de l'âme "*

CEC 2194 : *l'institution du dimanche contribue à ce que " tous jouissent du temps de repos et de loisir suffisant qui leur permette de cultiver leur vie familiale, culturelle, sociale et religieuse " (GS 67, § 3).*

CEC 2195 : *Chaque chrétien doit éviter d'imposer sans nécessité à autrui ce qui l'empêcherait de garder le Jour du Seigneur.*

<u>À propos du cinquième commandement :</u>

Mathieu chapitre 5 :

« *²¹ Vous avez appris qu'il a été dit aux anciens: Tu ne tueras point; mais qui tuera sera justiciable du tribunal. ²² Et moi, je vous dis: quiconque se met en colère contre son frère [à la légère] sera justiciable du tribunal; et qui dira à son frère: Raca! sera justiciable du Sanhédrin; et qui lui dira: Fou! sera justiciable pour la géhenne du feu.* »

« *⁴⁴ Et moi je vous dis: Aimez vos ennemis et priez pour ceux qui vous persécutent, ⁴⁵ afin que vous deveniez enfants de votre Père qui est dans les cieux; car il fait lever son soleil sur les méchants et sur les bons, et descendre la pluie sur les justes et sur les injustes. »*

CEC 2321 : *L'interdit du meurtre n'abroge pas le droit de mettre hors d'état de nuire un injuste agresseur. La légitime défense est un devoir grave pour qui est responsable de la vie d'autrui ou du bien commun.*

CEC 2267 : *L'enseignement traditionnel de l'Église n'exclut pas, quand l'identité et la responsabilité du coupable sont pleinement vérifiées, le recours à la peine de mort, si celle-ci est l'unique moyen praticable pour protéger efficacement de l'injuste agresseur la vie d'êtres humains.*

Mais si des moyens non sanglants suffisent à défendre et à protéger la sécurité des personnes contre l'agresseur, l'autorité s'en tiendra à ces moyens, parce que ceux-ci correspondent mieux aux conditions concrètes du bien commun et sont plus conformes à la dignité de la personne humaine.

***

Le condamné à mort devra être assuré de son salut éternel, par le secours des sacrements de la sainte Église catholique.

À propos des prisons, il conviendra de rétablir les quartiers de haute sécurité afin de séparer les délinquants des criminels. Il faudra aussi une chapelle par prison ainsi qu'une aumônerie.

À propos de l'euthanasie :

CEC 2276 : *Ceux dont la vie est diminuée ou affaiblie réclament un respect spécial. Les personnes malades ou handicapées doivent être soutenues pour mener une vie aussi normale que possible.*

CEC 2277 : *Quels qu'en soient les motifs et les moyens, l'euthanasie directe consiste à mettre fin à la vie de personnes handicapées, malades ou mourantes. Elle est moralement irrecevable.*

Ainsi une action ou une omission qui, de soi ou dans l'intention, donne la mort afin de supprimer la douleur, constitue un meurtre gravement contraire à la dignité de la personne humaine et au respect du Dieu vivant, son Créateur. L'erreur de jugement dans laquelle on peut être tombé de bonne foi, ne change pas la nature de cet acte meurtrier, toujours à proscrire et à exclure.

CEC 2278 : *La cessation de procédures médicales onéreuses, périlleuses, extraordinaires ou disproportionnées avec les résultats attendus peut être légitime. C'est le refus de " l'acharnement thérapeutique ". On ne veut pas ainsi donner la mort ; on accepte de ne pas pouvoir l'empêcher. Les décisions doivent être prises par le patient s'il en a la compétence et la capacité, ou sinon par les ayant droit légaux, en respectant toujours la volonté raisonnable et les intérêts légitimes du patient.*

CEC 2279 : *Même si la mort est considérée comme imminente, les soins ordinairement dus à une personne malade ne peuvent être légitimement interrompus. L'usage des analgésiques pour alléger les souffrances du moribond, même au risque d'abréger ses jours, peut être moralement conforme à la dignité humaine si la mort n'est pas voulue, ni comme fin ni comme moyen, mais seulement prévue et tolérée comme inévitable. Les soins palliatifs constituent une forme privilégiée de la charité désintéressée. À ce titre ils doivent être encouragés.*

***

CEC 2296 : *La* **transplantation d'organes** *est conforme à la loi morale si les dangers et les risques physiques et psychiques encourus par le donneur sont proportionnés au bien recherché chez le destinataire. La donation d'organes après la mort est un acte noble et méritoire et doit être encouragée*

92

comme une manifestation de généreuse solidarité. Il n'est pas moralement acceptable si le donneur ou ses proches ayants droit n'y ont pas donné leur consentement explicite. De plus, il est moralement inadmissible de provoquer directement la mutilation invalidante ou la mort d'un être humain, fût-ce pour retarder le décès d'autres personnes.

CEC 2297 : *La **torture** qui use de violence physique ou morale pour arracher des aveux, pour châtier des coupables, effrayer des opposants, satisfaire la haine est contraire au respect de la personne et de la dignité humaine.*

CEC 2325 : *Le* **suicide** *est gravement contraire à la justice, à l'espérance et à la charité. Il est interdit par le cinquième commandement.*

<u>À propos du sixième commandement et du neuvième commandement:</u>

Mathieu chapitre 5 :

« 27 Vous avez appris qu'il a été dit: Tu ne commettras point d'adultère. 28 Et moi, je vous dis: Quiconque regarde une femme avec convoitise a déjà commis l'adultère avec elle, dans son cœur. »

CEC 2376 : *Les techniques qui provoquent une dissociation des parentés, par l'intervention d'une personne étrangère au couple (don de sperme ou d'ovocyte, prêt d'utérus) sont gravement déshonnêtes. Ces techniques (insémination et fécondation artificielles hétérologues) lèsent le droit de l'enfant à naître d'un père et d'une mère connus de lui et liés entre eux par le mariage. Elles trahissent " le droit exclusif à ne devenir père et mère que l'un par l'autre " (CDF, instr. " Donum vitæ " 2, 1)*

CEC 2396 : *Parmi les péchés gravement contraires à la chasteté, il faut citer la masturbation, la fornication, la pornographie et les pratiques homosexuelles.*

CEC 2400 : *L'adultère et le divorce, la polygamie et l'union libre sont des offenses graves à la dignité du mariage.*

CEC 2532 : *La purification du cœur exige la prière, la pratique de la chasteté, la pureté de l'intention et du regard.*

CEC 2533 : *La pureté du cœur demande la pudeur qui est patience, modestie et discrétion. La pudeur préserve l'intimité de la personne.*

<u>Selon les directives du Saint-Siège de 1928, on ne peut pas considérer comme étant décent :</u>

- Un vêtement dont le décolleté dépasse la largeur de deux doigts au-dessous de la naissance du cou.

- Un vêtement dont les manches ne descendent pas au moins jusqu'au coude.

- Un vêtement qui descend à peine au-dessous des genoux.

Dans le livre du Deutéronome au chapitre 22, verset 5 : « *Une femme ne portera pas un habit d'homme, et un homme ne mettra point un vêtement de femme; car quiconque fait ces choses est en abomination à Yahweh, ton Dieu.*».

L'habit masculin, employé par une femme : modifie sa mentalité, tend à vicier les rapports avec les hommes, détruit facilement la dignité d'une mère face à ses enfants.

Dieu demande à son peuple de ne pas faire de tatouage sur le corps ni d'incision.

Lévitique 19, 28 : « *Vous ne ferez point d'incisions dans votre chair pour un mort, et vous n'imprimerez point de figures sur vous. Je suis Yahweh.* ».

POLITIQUE SOCIALE

« *Le témoignage du Christ Dieu s'est incarné en un territoire donné, et qu'Il a aimé."Il existe un ordre établi par Dieu, selon lequel il faut porter un amour plus intense et faire du bien de préférence à ceux à qui l'on est uni par des liens spéciaux. Le divin maître lui-même donna l'exemple de cette préférence envers sa terre et sa patrie en pleurant sur l'imminente destruction de la cité sainte* ». Pie XII, Summi pontificatus, 20 octobre 1939.

Saint Thomas d'Aquin écrit :

«Ainsi donc faut-il dire que l'amitié de ceux qui sont du même sang est fondée sur la communauté de l'origine naturelle, celle qui unit des concitoyens sur la communauté civile, celle qui unit des soldats sur la communauté guerrière. C'est pourquoi, **en ce qui concerne la nature, nous devons aimer davantage nos parents; en ce qui touche aux relations de la vie civile, nos concitoyens; et enfin, en ce qui concerne la guerre, nos compagnons d'armes.** Ce qui fait dire à Aristote: « À chacun, il faut rendre ce qui lui revient en propre et répond à sa qualité. Et c'est ce qui se pratique généralement: c'est la famille que l'on invite aux noces; de même, envers ses parents, le premier devoir apparaîtra d'assurer leur subsistance, ainsi que l'honneur qui leur revient. » Et *ainsi en est-il dans les autres amitiés.»*

Saint Thomas d'Aquin encore dans « Compendium theologiae » :

« Il faut que l'affection de l'homme soit ordonnée par la charité que d'abord et principalement il aime Dieu, ensuite soi-même, enfin le prochain, et parmi les prochains, davantage ceux qui sont les plus proches et plus à même de nous aider.».

Le bien commun exige donc que l'on protège d'abord les nationaux puis, une fois garanti leur épanouissement, les étrangers dans la mesure des capacités du pays.

La préférence familiale, nationale, européenne est donc conforme à la Tradition. « [8] *Que si quelqu'un n'a pas soin des siens, surtout de ceux de sa famille, il a renié la foi et il est pire qu'un incroyant.* », écrit Saint Paul (I Timothée 5, 8). Ainsi, les Français ne devraient pas seulement avoir l'exclusivité pour le droit de vote et l'accès à la fonction publique, mais ils devraient également être prioritaires pour les emplois, les logements et les prestations familiales et sociales.

Mise en place d'une politique nataliste :

Psaume 127 :

« [3] *Voici, c'est un héritage de Yahweh, que les enfants; une récompense, que les fruits d'un sein fécond.* »

La mère sera incitée à rester au foyer pour l'unité et l'équilibre de la famille. Il sera instauré un salaire maternel (sous réserve de financement, l'idéal étant que le chef de famille gagne suffisamment) variable selon le nombre d'enfants ; et mis en place le vote familial : mère ou père de famille dispose des voix de ses garçons mineurs et la mère de celle de ses filles également mineures. (sauf dans les corporations).

Exhortation apostolique « Familiaris Consortio » du 22 novembre 1981 du Saint Pape Jean-Paul II :

« Si le droit d'accéder aux diverses fonctions publiques doit être reconnu aux femmes comme il l'est aux hommes, la société doit

pourtant se structurer d'une manière telle que les épouses et les mères ne soient pas obligées concrètement à travailler hors du foyer et que, même si elles se consacrent totalement à leurs familles, celles-ci puissent vivre et se développer de façon convenable.»

Encyclique Quadragesimo anno, du Pape Pie XI le 15 mai 1931 :

« C'est à la maison avant tout, ou dans les dépendances de la maison, et parmi les occupations domestiques, qu'est le travail des mères de famille. C'est donc par un abus néfaste et qu'il faut à tout prix faire disparaître, que les mères de famille, à cause de la modicité du salaire paternel, sont contraintes de chercher hors de la

maison une occupation rémunératrice, négligeant les devoirs tout particuliers qui leur incombent avant tout : l'éducation des enfants. On n'épargnera donc aucun effort en vue d'assurer aux pères de famille une rétribution suffisamment abondante pour faire face aux charges normales du ménage. »

À propos du statut de la mère de famille au foyer : droit à la protection sociale, à la retraite, droit à la formation continue pour qu'elles puissent se réinsérer dans le monde du travail, si elle le désire.

À propos du travail féminin : Favoriser le travail à domicile, la flexibilité et les aménagements du temps de travail, diversifier et assouplir les modes de garde d'enfant (crèches d'entreprises).

Mesures préférentielles pour les familles nombreuses (à partir de 3 enfants) : carte de réduction, fiscalité avantageuse, etc.

Aider à la création de maisons d'accueil pour les femmes enceintes en difficulté.

MONARCHIE versus DÉMOCRATIE

PIE VI, EXTRAITS DU CONSISTOIRE DU 11 JUIN 1793 :

«*Le Roi Très-Chrétien Louis XVI a été condamné au dernier supplice par une conjuration impie et ce jugement s'est exécuté. Nous vous rappellerons en peu de mots les dispositions et les motifs de la sentence. La Convention nationale n'avait ni droit ni autorité pour la prononcer.*

En effet, après avoir aboli **la Monarchie, le meilleur des gouvernements,** *elle avait transporté toute la puissance*

Rien n'est plus propre à assurer l'unité que ce qui est un par soi selon la formule de Saint Thomas d'Aquin, et c'est ce qui justifie le fait que le pouvoir soit exercé par un seul. Mais il y a aussi le fait qu'il est plus naturel d'éprouver des sentiments d'amour filial à l'égard d'une personne que d'une assemblée de personnes : de ce point de vue, le pouvoir monarchique correspond mieux aux caractères naturels de l'autorité que n'importe quelle autre forme d'institution.

Avantages de la monarchie héréditaire :

1. Formation et stabilité du roi :

Le roi prépare son héritier, qui bénéficie d'une formation dès son enfance pour assumer ses responsabilités. Cette préparation garantit qu'il connaisse son métier. Contrairement à un élu, le roi n'a pas à se préoccuper de faire fortune personnelle. Grâce à l'hérédité, les intérêts personnels du roi se confondent durablement avec ceux de la nation : la paix, l'ordre, la prospérité économique et la sécurité extérieure sont autant dans l'intérêt du roi que dans celui de son peuple.

2. Impartialité :

Le roi n'est affilié à aucun parti politique, ce qui lui permet d'agir comme arbitre impartial au-dessus des luttes partisanes. Libéré de la nécessité d'élections, il peut se concentrer uniquement sur l'intérêt national, sans subir la pression de l'opinion publique.

3. Indépendance et durabilité :

La monarchie, détachée des médias, des lobbies et de la finance, résiste mieux aux influences privées grâce à la longévité des règnes. Elle préserve ainsi son honneur et sa fidélité envers la nation.

4. Continuité du pouvoir :

La stabilité du pouvoir monarchique favorise des politiques cohérentes sur le long terme dans des domaines comme la diplomatie, la défense, l'écologie, ou encore les grands travaux.

Faiblesses de la démocratie :

1. Division interne :

La démocratie, basée sur la lutte des partis, entretient un climat de division et de conflit permanent, sacrifiant les intérêts supérieurs de la nation aux rivalités partisanes.

2. Instabilité et court-termisme :

Les mandats limités et l'instabilité ministérielle empêchent une vision à long terme. La démocratie tend à privilégier des politiques à court terme, sacrifiant l'avenir au profit du présent.

3. Influence extérieure et électorale :

Le système démocratique est vulnérable aux manipulations des médias, financés par des intérêts privés ou étrangers, et aux coûts excessifs des campagnes électorales.

4. Inadéquation des compétences :

Les qualités nécessaires pour être élu (charisme, séduction, oratoire) diffèrent de celles requises pour gouverner (compétence, vision, esprit de décision). Ce décalage nuit à l'efficacité du pouvoir.

5. Nivellement par le bas :

Les partis politiques fragmentent le bien commun et réduisent la politique à un jeu de slogans simplifiés pour séduire les masses. Cette logique favorise la compétition électorale au détriment d'une véritable réflexion sur les intérêts nationaux.

6. Poids inégal des suffrages :

Le système démocratique accorde le même poids au vote d'un individu peu informé qu'à celui d'un expert. Cette égalité formelle masque des disparités de compétence et de jugement parmi les électeurs.

7. Pression de la réélection :

La quête de réélection contraint les dirigeants à adopter des mesures populaires à court terme plutôt que des décisions parfois impopulaires mais nécessaires pour l'avenir du pays.

Limites structurelles de la démocratie :

1. Élection universelle :

L'élection d'un dirigeant sur des questions complexes, souvent méconnues des citoyens, conduit à des choix peu éclairés. Le suffrage universel traite également de manière équivalente des situations inégales (ex. célibataire vs père de famille nombreuse).

2. Incohérence cyclique :

Les révisions fréquentes des politiques internes et externes perturbent l'ordre public et affaiblissent la cohérence nationale.

3. Meilleure alternative au niveau local :

La démocratie fonctionne mieux à l'échelle locale, où les citoyens peuvent voter sur des sujets qu'ils maîtrisent et qui concernent directement leur quotidien.

LES LOIS PROVIDENTIELLES DU ROYAUME

<u>Les règles de la dévolution de la Couronne</u> :

1. *L'hérédité* : le fils du roi succède à son père.
2. *La primogéniture* : le plus âgé des fils du roi devient roi.
3. *La masculinité* : les filles sont écartées de la succession.
4. *La collatéralité masculine* : en cas d'absence d'héritier mâle, la Couronne revient au plus proche parent mâle du roi.
5. *L'indisponibilité de la Couronne* : le roi ne peut ni désigner son successeur, ni renoncer à la Couronne ou

abdiquer. La Couronne n'est pas la propriété du monarque. Celui-ci exerce un service.

6. *La continuité de la Couronne* (ou *instantanéité* de la Couronne) : dès que le roi meurt, son successeur est aussitôt roi.

7. *La catholicité.* Le Roi doit être catholique.

Par ailleurs, le roi doit être de nationalité française.

Ordo du Sacre :

Arrivée de la Sainte Ampoule
Serment du Roi :
Je promets au nom de Jésus Christ, au peuple chrétien à moi sujet, ces choses.
Premièrement, que tout le peuple chrétien gardera à l'Église de Dieu

en tout temps la vraie paix par notre advis.

Item, que je défendrai toutes rapines et iniquités en tous degrés.

Item, qu'en tout jugement je commanderai équité et miséricorde afin que Dieu clément et miséricordieux m'octroie et à vous sa miséricorde.

Item, qu'en bonne foi je travaillerai selon mon pouvoir à mettre hors de ma terre et juridiction à moi commise, tous les hérétiques déclarés par l'Église.

Bénédiction sur le Glaive

Préparation du Saint Chrême

Litanies

Onction du Roi

Bénédiction des gants, de l'anneau et du sceptre

Couronnement

Bénédiction de l'étendard

Onction de la Reine

Couronnement de la Reine

DES INSTITUTIONS

« *Il n'y a point d'autorité qui ne vienne de Dieu* » **Romains 13, 1**.

« *Du reste, la souveraineté n'est en soi nécessairement liée à aucune forme politique; elle peut fort bien s'adapter à celle-ci ou à celle-là, pourvu qu'elle soit de fait apte à l'utilité et au bien commun, mais, quelle que soit la forme de gouvernement, tous les chefs d'État doivent absolument avoir le regard fixé sur Dieu, souverain Modérateur du monde, et, dans l'accomplissement de leur mandat, le prendre pour modèle et règle.* » Lettre encyclique *Immortale Dei* du 1er novembre 1885 sur la

constitution chrétienne des États -
Léon XIII

Principes de base : La démocratie aux niveaux municipal et professionnel (démocratie de proximité), l'aristocratie (sélection par le travail, le mérite et la moralité) au niveau de la province, et la monarchie dans l'État.

Un nouveau découpage administratif prendra en compte les traditions des différents terroirs et une meilleure efficience.
Les communes seront contrôlées par l'État.

Il n'y a pas séparation des pouvoirs exécutifs, législatifs et judiciaires :
« *Tout royaume divisé contre lui-même devient un désert, et ses*

maisons s'écroulent les unes sur les autres » (Luc 11, 17).

L'État assure les **fonctions régaliennes**. Défense (armée et police intérieure), Diplomatie, Justice, Finances générales. Il conviendra de limiter le nombre de normes afin de préserver la lisibilité et la stabilité du droit. Les **activités stratégiques** où l'État doit être le garant du Bien Commun, comme les transports, les communications, l'énergie ou l'armement seront **contrôlées par l'État, de même que les sociétés industrielles dont le caractère public est incontestable**. Aussi, il sera introduit un droit de contrôle étendu sur les acquisitions de sociétés françaises par des sociétés étrangères ainsi qu'un regard de l'État sur les transferts de technologie. L'État pourra créer des activités à titre incitatif.

Les pouvoirs du Roi :

Le Roi exerce son autorité dans le respect des lois fondamentales du royaume. Il peut éventuellement régner et gouverner sans Premier ministre, disposant d'un pouvoir indépendant et entier, mais limité par les statuts, libertés et privilèges des diverses institutions et corps constitués, tels que l'Église, les Universités, les provinces, les villes, les corporations et les associations.

1. Organisation du pouvoir :

- Le Roi choisit librement ses ministres, qui sont responsables uniquement devant lui et révocables à tout moment.

- Il détient l'initiative exclusive des lois. Celles-ci sont rédigées par des légistes compétents, sous sa supervision. Dans le domaine économique, leur élaboration s'appuie sur les conseils des corporations professionnelles.

- Les administrations publiques et les associations reconnues disposent d'un pouvoir réglementaire limité à leurs domaines de compétence.

2. Pouvoirs spécifiques du Roi :

- Il peut lever les impôts, signer les traités, organiser des référendums et nommer aux postes civils, judiciaires et militaires.

- Les maires des communes de plus de 1 000 habitants ainsi que les gouverneurs des provinces sont désignés par le Roi.

- En tant que premier magistrat de France, le Roi dispose du pouvoir de grâce et de commutation des peines.

- Il contrôle les forces de police, judiciaires et administratives, ainsi que les forces militaires, pour garantir le respect des lois et règlements nationaux ou locaux.

- Les lettres de cachet sont réintroduites, mais leur usage est strictement limité aux affaires de terrorisme et de sécurité nationale.

3. Surveillance des finances publiques :

- La Cour des comptes, sous l'autorité royale, assure le contrôle des finances publiques et dispose d'un pouvoir de sanction.

4. Représentation des intérêts nationaux :

- La Nation est représentée devant le Roi par les États Généraux, auxquels participent des délégués issus de groupements nationaux ou régionaux représentant des intérêts sérieux.

- Les États Généraux ne sont pas une assemblée législative, mais consultative. Ils formulent des vœux qui orientent le gouvernement.

- Pour garantir l'efficacité de cette représentation, les sessions des États Généraux ne peuvent être prolongées ou permanentes, afin de préserver les intérêts matériels et moraux des délégués. Toutefois, une délégation permanente pourrait être constituée sous forme de

Chambres professionnelles consultatives.

5. Autonomie des groupements locaux :

- Les entités locales ont la capacité de définir leurs propres organes pour représenter leurs intérêts, dans le cadre des lois et règlements du royaume.

Ce système assure une gouvernance centralisée mais respectueuse des particularités régionales et sectorielles, tout en renforçant la stabilité et l'efficacité de l'autorité royale.

Il y aura possibilité de cahiers de doléances à tous les niveaux institutionnels.

Des corporations:

Dans la lettre encyclique *Humanum genus* en 1884, Léon XIII disait déjà : « *Il est une institution due à la sagesse de nos pères et dont le temps avait interrompu le cours, mais qui pourrait aujourd'hui encore servir de type à des créations analogues. Nous voulons parler des corporations d'ouvriers, qui avec la religion pour guide, protégeaient à la fois les intérêts et les mœurs. Si à travers tant de siècles, ces corporations rendirent à nos pères de si précieux services, notre temps peut-être en retirera de plus grands. C'est pourquoi nous souhaitons vivement que partout pour le salut du peuple, ces corporations soient rétablies et adaptées aux circonstances* ».

Définition d'après le père Mura[10] :

« La corporation, véritable université professionnelle, groupait dans un organisme fortement hiérarchisé, en vue du bien commun de la profession intéressée et de toute la société, tous ceux qui, dans une ville ou dans une région, exerçaient le même métier. Sa hiérarchie comprenait les apprentis, les compagnons et les maîtres. Au-dessus de cet ensemble, il y avait, pour en assurer l'administration, l'assemblée générale qui désignait les jurés ou gardes du métier ; ces derniers constituaient le conseil d'administration ordinaire et veillaient au maintien des statuts ainsi qu'à tout ce qui intéressait la

____

10 Les Anciennes Corporations, Chroniques des religieux de Saint Vincent de Paul

vie et la bonne marche du corps de métier. »

<u>Principes de base :</u>

L'esprit d'union et de négociation doit l'emporter sur l'esprit de revendication. « Tous pour un, un pour tous. »

La qualification de métier est un titre de propriété qui confère des droits et des devoirs : droit au travail, à des revenus décents, à l'assistance et pour le patron : droit au crédit, à la protection contre la concurrence déloyale.

Autogestion du métier : sociale (caisses maladie et de retraite – fin du monopole de la sécurité sociale) ; financière (banques, caisses d'épargne) ; économique (congés, conventions collectives - approuvées par l'État, règles de concurrence) ; formation (écoles, programmes, diplômes, bourses) ; judiciaire (police des métiers, sanctionner les fautes, arbitrage des conflits avec l'État pouvant statuer en dernier ressort , qui aura aussi un pouvoir de contrôle). Les membres de la corporation élisent leurs représentants (au niveau national et provincial) et leurs administrateurs et fondés de pouvoir.

La corporation se forme sur le volontariat, autrement l'État réglemente et gère. Tous les hommes d'un métier (d'une branche) se doivent d'être dans la corporation si elle est créée. Il peut exister plusieurs corporations pour un même métier, ne serait-ce qu'en raison de la géographie.

Consécration annuelle des corporations à la Très Sainte Vierge Marie et aux saints patrons.

<u>Du principe de subsidiarité :</u>

Saint Jean-Paul II définit ainsi ce principe : « *une société d'ordre supérieur ne doit pas intervenir dans la vie interne d'une société d'un ordre inférieur, en lui enlevant ses compétences, mais elle doit plutôt la soutenir en cas de nécessité et l'aider à coordonner son action avec celle des autres éléments qui composent la société, en vue du bien commun* » (encyclique *Centesimus annus*, 1er mai 1991, n° 48).

Encyclique Quadragesimo anno, du Pape Pie XI du 15 mai 1931 :

« *Que l'autorité publique abandonne donc aux groupements*

de rang inférieur le soin des affaires de moindre importance où se disperserait à l'excès son effort ; elle pourra dès lors assurer plus librement, plus puissamment, plus efficacement les fonctions qui n'appartiennent qu'à elle, parce qu'elle seule peut les remplir ; diriger, surveiller, stimuler, contenir, selon que le comportent les circonstances ou l'exige la nécessité. Que les gouvernants en soient donc bien persuadés : plus parfaitement sera réalisé l'ordre hiérarchique des divers groupements, selon ce principe de la fonction supplétive de toute collectivité, plus grandes seront l'autorité et la puissance sociale, plus heureux et plus prospère l'état des affaires publiques. »

« La nature incline les membres d'un même métier ou d'une même

profession, quelle qu'elle soit, à créer des groupements corporatifs, si bien que beaucoup considèrent de tels groupements comme des organes sinon essentiels, du moins naturels dans la société. (...) les hommes sont libres d'adopter telle forme d'organisation qu'ils préfèrent, pourvu seulement qu'il soit tenu compte des exigences de la justice et du bien commun. (...) l'homme est libre, non seulement de créer de pareilles sociétés d'ordre et de droit privé, mais encore de leur donner les statuts et règlements qui paraissent les plus appropriés au but poursuivi. »

Interdiction de la franc-maçonnerie et de toute société occultiste, athée ou à caractère révolutionnaire.

Allocution consistoriale Multiplices Inter du 25 septembre 1865 contre la franc-maçonnerie - Pie IX :

« C'est pourquoi Notre prédécesseur Clément XII, par ses Lettres apostoliques, proscrivit et réprouva cette secte, et détourna tous les fidèles non seulement de s'y associer, mais encore de la propager et de l'encourager de quelque manière que ce fût, sous peine d'encourir ipso facto l'excommunication. »

DE LA SOUVERAINETÉ DE L'ÉTAT

« *Tout chrétien doit être patriote* (...) *la loi naturelle nous ordonne d'aimer d'un amour de prédilection et de dévouement le pays où nous sommes nés et où nous avons été élevés au point que le bon citoyen ne craint pas d'affronter la mort pour sa patrie* (...). *L'amour surnaturel de l'Église et l'amour naturel de la patrie procèdent du même et éternel principe. Tous les deux ont Dieu pour auteur et pour cause première* ». Lettre encyclique *Sapientiae Christianae* du 10 janvier 1890 sur les principaux devoirs des chrétiens - Léon XIII

Discours de Pie XII, 23 mars 1958 :

« Aujourd'hui on rencontre parfois des concitoyens qui semblent pris de la crainte de se montrer particulièrement dévoués à la patrie. Comme si l'amour de sa terre pouvait signifier nécessairement un mépris envers les terres des autres; comme si le désir naturel de voir sa propre patrie belle, prospère à l'intérieur, aimée et respectée à l'étranger, devait être inévitablement une cause d'aversion à l'égard d'autres peuples. Il existe même des personnes qui évitent de prononcer le mot de "patrie" et qui tentent de lui substituer d'autres noms plus

appropriés, pensent-ils, à nos temps. Certes, chers fils, il faut convenir que parmi les signes d'une désorientation des âmes, cet amour diminué pour la patrie, cette plus grande famille qui vous a été donnée par Dieu, n'est pas un des derniers. »

Lettre encyclique Summi Pontificatus du 20 octobre 1939 Pour la fête du Christ-Roi - "De l'unité du genre humain" - Pie XII

« Le légitime et juste amour de chacun envers sa propre patrie ne doit pas faire fermer les yeux sur l'universalité de la charité chrétienne, qui enseigne à considérer aussi les autres et leur prospérité dans la lumière pacifiante de l'amour. »

La loi civile commence où s'arrête le droit canon.

Le droit interne primera sur le droit international. Ainsi, La France redevient un état souverain avec sa liberté de décision et son indépendance. Cela implique la sortie de l'Union européenne. Dès lors, au niveau du continent européen, il conviendra de remplacer le principe de l'intégration par la coopération sur des sujets communs et des projets concrets.

<u>Quelques principes :</u>

Recherche de l'indépendance maximale en défense (chaîne de productio du rail, de la Poste et des télécommunications.

Plus d'énergie nucléaire (problème de sécurité et de traitement des déchets), mais centrer la recherche sur toutes les **énergies libres.**

Patriotisme économique sur nos marchés publics ainsi que sur le secteur privé.

Contrôle des frontières nationales, des changes et des capitaux.

POLITIQUE AGRICOLE

CEC 2456 : *La domination accordée par le Créateur sur les ressources minérales, végétales et animales de l'univers ne peut être séparée du respect des obligations morales, y compris envers les générations à venir.*

CEC 2457 : *Les animaux sont confiés à la gérance de l'homme qui leur doit bienveillance. Ils peuvent servir à la juste satisfaction des besoins de l'homme.*

<u>**Quelques principes de bon sens :**</u>

1. Promouvoir une agriculture de terroir axée sur tradition et qualité :

- Restaurer les marchés couverts et les halles traditionnelles.

- Libérer les paysans des contraintes imposées par les groupes d'achats et les grossistes.

- Encourager la création de petits abattoirs locaux, respectueux de l'animal et des normes d'hygiène.

- Généraliser les labels et les appellations d'origine, tout en leur offrant une protection juridique similaire à celle des

142

brevets pour valoriser les produits de qualité.

- Interdire l'utilisation et la vente de semences OGM, ainsi que l'importation de produits qui en sont issus.

- Protéger les produits agricoles contre toute forme de spéculation.

2. Favoriser une production respectueuse de la Création :

- Revenir à l'heure solaire pour aligner les activités humaines avec les rythmes naturels.

- Intégrer le rôle crucial de la faune et des champignons dans la fertilité des sols.

- Réduire drastiquement l'usage des pesticides et des

engrais chimiques, qui détruisent la microflore et la faune des sols.

- Mettre en œuvre une nouvelle gestion des sols, notamment par le semis direct sous couvert.

- Éliminer les pratiques de labours qui exposent les sols aux intempéries, entraînant la perte de matière organique et la désertification.

- Encourager la recherche et l'utilisation des médecines naturelles.

3. Privilégier les circuits courts de distribution :

- Réduire la chaîne de transport pour diminuer l'impact environnemental et améliorer la traçabilité des produits.

4. Réhabiliter la recherche et l'enseignement agricole :

- Mettre en avant la connaissance des méthodes agricoles traditionnelles.

- Entreprendre une étude critique des avancées scientifiques et techniques depuis le 19e siècle.

- Créer une chaire universitaire d'agronomie incluant un enseignement dédié à la microbiologie des sols.

POLITIQUE ÉCONOMIQUE

CEC 2425 : *L'Église a rejeté les idéologies totalitaires et athées associées, dans les temps modernes, au " communisme " ou au " socialisme ". Par ailleurs, elle a récusé dans la pratique du " capitalisme " l'individualisme et le primat absolu de la loi du marché sur le travail humain. La régulation de l'économie par la seule planification centralisée pervertit à la base les liens sociaux ; sa régulation par la seule loi du marché manque à la justice sociale " car il y a de nombreux besoins humains qui ne peuvent être satisfaits par le marché ". Il faut préconiser une régulation raisonnable du marché et des* initiatives économiques, selon une juste hiérarchie des valeurs et en vue du bien commun.*

CEC 2429 : *Chacun a le droit d'initiative économique, chacun usera légitimement de ses talents pour contribuer à une abondance profitable à tous, et pour recueillir les justes fruits de ses efforts. Il veillera à se conformer aux réglementations portées par les autorités légitimes en vue du bien commun.*

CEC 2431 : *L'activité économique, en particulier celle de l'économie de marché, ne peut se dérouler dans un vide institutionnel, juridique et politique. Elle suppose que soient assurées les garanties des libertés individuelles et de la propriété, sans compter une monnaie stable et des services publics efficaces. Le devoir essentiel de l'État est cependant d'assurer ces garanties, afin que ceux qui travaillent puissent jouir du fruit de leur travail et donc se sentir stimulés à l'accomplir avec efficacité et honnêteté. L'État a le devoir de surveiller et de conduire l'application des droits humains dans le secteur économique ; dans ce domaine toutefois, la première responsabilité ne revient pas à l'État, mais aux institutions et aux différents groupes et associations qui composent la société.*

CEC 2434 : *Le juste salaire est le fruit légitime du travail. Le refuser ou le retenir peut constituer une grave injustice. Pour apprécier la rémunération équitable, il faut tenir compte à la fois des besoins et des contributions de chacun. " Compte tenu des fonctions et de la productivité, de la situation de l'entreprise et du bien commun, la rémunération du travail doit assurer à l'homme et aux siens les ressources nécessaires à une vie digne sur le plan matériel, social, culturel et spirituel " (Gaudium et Spes 67, § 2). L'accord des parties n'est pas suffisant pour justifier moralement le montant du salaire.*

CEC 2452 : Les biens de la création sont destinés au genre humain tout entier. Le droit à la propriété privée n'abolit pas la destination universelle des biens.

<u>Quelques principes :</u>

L'État garantira la stabilité (c'est-à-dire un pouvoir d'achat constant) des prix ainsi que de sa monnaie <u>nationale</u> et la défendra contre toute entreprise de spéculation. L'émission et la destruction monétaire, nationalisée, s'adapteront à la production des biens et des services. La banque centrale sera aux mains de l'État.

Les prêts d'argent seront le fait d'établissements privés scindés en 2 entités : banques de dépôt et banques d'investissements.

La finance aura l'obligation d'investir dans l'économie réelle via des actifs tangibles. Toute spéculation boursière sur les monnaies sera interdite comme opposée à la paix et à l'ordre.

Le cours de change des monnaies nationales sera fixé de manière immuable par des accords bilatéraux entre les nations coopérantes, sans égard à l'or. Il ne doit donc pas y avoir de monnaie internationale.

L'objectif de chaque nation doit être de maintenir durablement en équilibre ses importations et ses exportations.

Fabriquer du Beau, du Bien, du Durable et de l'Utile.

Favoriser la propriété. L'État n'a aucun droit sur l'héritage. Principe de la liberté testamentaire. La transmission de patrimoine familial ne sera pas entravée.

Alléger les tâches administratives de l'ensemble de la population et des personnalités morales.

Toute allocation, sauf handicap, mérite un travail d'utilité publique.

La doctrine catholique enseigne que tout prêt à intérêt est usuraire et condamné par le Magistère notamment par la bulle *Vix Pervenit* de Benoît XIV en 1745.

Définition et condamnation de l'usure :

Citons, comme expression de la doctrine de l'Église sur l'usure, deux textes l'un du pape Léon X, l'autre du pape saint Pie X :

« Voici le véritable sens du mot "usure" : quand on recherche un gain et un profit, sans travail, sans dépense ou sans risque, à partir d'un bien qui par lui-même ne produit pas de fruit ».

« En quoi consiste l'usure ? L'usure consiste à exiger, sans titre légitime, un intérêt illicite pour une somme prêtée, en abusant du besoin et de l'ignorance d'autrui ».

Les titres pouvant justifier l'intérêt tiré d'un prêt :

a) Le préjudice causé (« *damnum emergens* »). Exemple : un prêteur accorde un prêt indexé sans intérêt ; la somme correspondant à l'indexation est considérée comme revenu par le fisc et taxée à ce titre ; le préjudice ainsi causé peut donner lieu à indemnité.

b) Le gain perdu (« *lucrum cessans* ») du fait du prêt, et/ou dû à l'inflation.

c) Le risque encouru (« *periculum solis* ») de perte de la somme prêtée.

d) La « *peine conventionnelle* » : indemnité en cas de non-remboursement dans les délais prévus.

e) Les frais de gestion du prêt.

f) Le taux de prêt considéré comme non usuraire par la loi civile, si celui-ci est très modéré (ATTENTION : point sujet à caution).

<u>**Les instruments financiers possibles :**</u>

1/ **emprunter sans intérêt**. Ainsi, lorsqu'un client veut acheter un bien, la banque en fait l'acquisition à sa place. Le client lui rembourse ensuite en une ou plusieurs fois le montant du bien, majoré d'une commission déterminée à l'avance et qui reste fixe. À l'échéance du contrat, la banque transfère la propriété du bien à son client.

2/ une sorte de **crédit-bail** : la banque acquiert le bien. Mais cette fois, elle ne le revend pas au client. Elle le lui donne en location, avec possibilité de rachat au terme du contrat. Aussi, **la rente foncière.**

3/ deux partenaires investissent ensemble dans un projet. **Les profits et/ou les pertes sont**

partagés en fonction du capital investi par chacun. Une variante de cet instrument est qu'un producteur paie ses dettes quand il a livré la marchandise ou les travaux et en a reçu le prix.

4/ **l'actionnariat**.

FISCALITÉ

La fiscalité devra être la plus légère possible, dans un souci de simplicité et d'efficacité. Ainsi, un même flux de revenu ne sera pas imposé plusieurs fois. Dès lors, les impôts sur le revenu et sur les sociétés pourront être supprimés, mais la TVA privilégiée.

Quelques mesures :

Soutenir la production nationale et favoriser les familles nombreuses par des dispositifs fiscaux.

Rétablissement d'une dîme pour financer la Sainte Église catholique.

Taxation à l'importation pour les pays qui ne respectent pas les standards sociaux et écologiques sauf pour les produits que le pays ne produit pas.

Taxation des délocalisations.

Taxation sur les transactions financières.

Cesser de taxer la détention du patrimoine et supprimer les droits de succession en ligne directe. De plus, il y aura liberté testamentaire.

Suppression de tous les avantages fiscaux accordés aux partis politiques et aux associations hormis celles dont l'objet exclusif est la recherche médicale, la préservation du patrimoine, l'activité sportive, l'aide au troisième âge, aux enfants défavorisés, aux personnes handicapées, aux anciens combattants, aux victimes de guerre, d'attentats, de la criminalité et des catastrophes naturelles.

POLITIQUE INTERNATIONALE

indépendance et rayonnement

Les grands projets qui intéressent plusieurs pays : équipement, défense du patrimoine naturel, épidémies... ne doivent pas être résolus par un gouvernement mondial, mais par accords entre plusieurs pays. L'Église pourra jouer un rôle dans le règlement des conflits internationaux.

Quelques principes :

Politique de codéveloppement concrète dans les pays en voie de développement : irrigation, centre de soins, écoles, formation..

Favoriser les Missions religieuses.

Protéger et valoriser le patrimoine national, régional... (naturel, immobilier, scientifique, artistique...)

Défendre la langue française, seule langue officielle de l'État.

ARMÉE

CEC 2304 : *Le respect et la croissance de la vie humaine demandent la paix. La paix n'est pas seulement absence de guerre et elle ne se borne pas à assurer l'équilibre des forces adverses. La paix ne peut s'obtenir sur terre sans la sauvegarde des biens des personnes, la libre communication entre les êtres humains, le respect de la dignité des personnes et des peuples, la pratique assidue de la fraternité. Elle est " tranquillité de l'ordre " (S. Augustin, civ. 10, 13). Elle est œuvre de la justice (cf. Is 32, 17) et effet de la charité (cf. GS 78, §§ 1-2).*

CEC 2309 : *Il faut considérer avec rigueur les strictes conditions d'une* légitime défense par la force militaire. La gravité d'une telle décision la soumet à des conditions rigoureuses de légitimité morale. Il faut à la fois :

– Que le dommage infligé par l'agresseur à la nation ou à la communauté des nations soit durable, grave et certain.

– Que tous les autres moyens d'y mettre fin se soient révélés impraticables ou inefficaces.

– Que soient réunies les conditions sérieuses de succès.

– Que l'emploi des armes n'entraîne pas des maux et des désordres plus graves que le mal à éliminer. La puissance des moyens modernes de destruction pèse très lourdement dans l'appréciation de cette condition.

Ce sont les éléments traditionnels énumérés dans la doctrine dite de la " guerre juste ".

L'appréciation de ces conditions de légitimité morale appartient au jugement prudentiel de ceux qui ont la charge du bien commun.

***

Il faudra retrouver plus d'autonomie dans nos capacités et d'indépendance dans notre politique.

L'Armée devra toujours être en état de grâce (favoriser les aumôneries militaires).

Les séminaristes, ordonnés et consacrés, sont exemptés du service militaire.

Il n'y aura pas de femme dans les unités combattantes ou de soutien exposées.

DE L'IMMIGRATION

CEC 2241 : *Les nations mieux pourvues sont tenues d'accueillir autant que faire se peut l'étranger en quête de sécurité et des ressources vitales qu'il ne peut trouver dans son pays d'origine. Les pouvoirs publics veilleront au respect du droit naturel qui place l'hôte sous la protection de ceux qui le reçoivent.*

Les autorités politiques peuvent en vue du bien commun dont elles ont la charge subordonner l'exercice du droit d'immigration à diverses conditions juridiques, notamment au respect des devoirs des migrants à l'égard du pays d'adoption. L'immigré est tenu de respecter avec reconnaissance le patrimoine matériel et spirituel de son pays d'accueil, d'obéir à ses lois et de contribuer à ses charges.

La Commission pontificale Justice et Paix, le 3 novembre 1988, dans "<u>l'Église face au racisme</u>", rappelle également qu' *"il appartient aux pouvoirs publics, qui ont la charge du bien commun, de déterminer la proportion de réfugiés ou d'immigrés que leurs pays peut accueillir, compte tenu de ses possibilités d'emploi et de ses perspectives de développement"*.

En 2010, lors de la 97e Journée mondiale du migrant et du réfugié, Benoît XVI déclarait : *«(…) les États ont le droit de réglementer les flux migratoires et de défendre leurs frontières, en garantissant toujours le respect dû à la personne humaine. En outre, les immigrés ont le devoir de s'intégrer dans le pays d'accueil, en respectant ses lois et l'identité nationale. Il faudra alors concilier l'accueil qui est dû à tous les êtres humains, spécialement aux indigents, avec l'évaluation des conditions indispensables à une vie digne et pacifique avec les habitants originaires du pays et pour ceux qui viennent le rejoindre. »*

L'Église catholique a toujours considéré que les migrations ne sont pas un mode de fonctionnement normal du monde, encore moins un fait positif qu'il faudrait rechercher ou promouvoir.

En 1891, Léon XIII, dans son encyclique *Rerum novarum* déclarait : « *L'arrêt dans le mouvement d'émigration sera un* avantage. *Personne, en effet, ne consentirait à échanger contre une région étrangère, sa patrie et sa terre natale, s'il y trouvait les moyens de mener une vie plus tolérable.* ».

Pie XII, le 23 juillet 1957, parlait, quant à lui, de « *situation anormale* » des émigrants.

Bien entendu, cela ne veut pas dire qu'il n'existe pas de cas légitime d'immigration d'un point de vue catholique. On peut citer, par exemple, le droit d'asile, s'appliquant à de vrais réfugiés politiques, contraints à l'exil pour une cause juste. Dans un tel cas légitime d'immigration, l'État d'accueil doit, par principe, se montrer hospitalier.

Filiation :

Est considéré comme français tout enfant né d'un père ou d'une mère de sang français. Toutes les autres procédures d'accès à la nationalité, notamment celles fondées sur le droit du sol, seront supprimées, à l'exception de la naturalisation.

Dans ce cadre, la nationalité française pourra être accordée à un étranger sous réserve du respect de 3 conditions impératives :

1. Demande explicite : L'intéressé doit en avoir fait la demande de manière formelle.

2. Mérite avéré : Il doit démontrer qu'il mérite cette faveur, ce qui exclut toute personne ayant un casier judiciaire.

3. Assimilation : Il doit prouver sa volonté et sa

capacité à s'intégrer pleinement à la population française.

Les nouveaux naturalisés seront tenus de prêter un serment solennel de fidélité à la nation française. Cette fidélité exclut notamment la reconnaissance de la double nationalité, un mécanisme qui ne sera pas accepté dans le futur État royal et catholique.

La réflexion de l'Église sur l'immigration s'appuie sur une conception de l'État comme gardien du Bien Commun. Une immigration excessive, mal encadrée et insuffisamment accompagnée représente un danger pour l'ordre public et la prospérité, deux piliers essentiels du bien commun.

POLITIQUE RELIGIEUSE

Extraits de la lettre encyclique Immortale Dei du 1er novembre 1885 sur la constitution chrétienne des États - Léon XIII :

« Les chefs d'État doivent donc tenir pour saint le nom de Dieu et mettre au nombre de leurs principaux devoirs celui de favoriser la religion, de la protéger de leur bienveillance, de la couvrir de l'autorité tutélaire des lois, et ne rien statuer ou décider qui soit contraire à son intégrité. »

« Quant à décider quelle religion est la vraie, cela n'est pas difficile à quiconque voudra en juger avec

prudence et sincérité. En effet, des preuves très nombreuses et éclatantes, la vérité des prophéties, la multitude des miracles, la prodigieuse célérité de la propagation de la foi, même parmi ses ennemis et en dépit des plus grands obstacles, le témoignage des martyrs et d'autres arguments semblables prouvent clairement que la seule vraie religion est celle que Jésus-Christ a instituée lui-même et qu'il a donné mission à son Église de garder et de propager. »

« Le sort de l'État dépend du culte que l'on rend à Dieu ; et il y a entre l'un et l'autre de nombreux liens de parenté et d'étroite amitié. ».

« De ces décisions des Souverains Pontifes, il faut absolument admettre que l'origine de la

puissance publique doit s'attribuer à Dieu, et non à la multitude ; que le droit à l'émeute répugne à la raison ; que ne tenir aucun compte des devoirs de la religion, ou traiter de la même manière les différentes religions n'est permis ni aux individus ni aux sociétés ; que la liberté illimitée de penser et d'émettre en public ses pensées ne doit nullement être rangée parmi les droits des citoyens ni parmi les choses dignes de faveurs et de protection. – De même, il faut admettre que l'Église, non moins que l'État, de sa nature et de plein droit, est une société parfaite ; que les dépositaires du pouvoir ne doivent pas prétendre asservir et subjuguer l'Église, ni diminuer sa liberté d'action dans sa sphère, ni lui enlever n'importe lequel des droits qui lui ont été conférés par Jésus-Christ. – Dans les questions du droit mixte, il est pleinement conforme à la nature ainsi qu'aux desseins de Dieu, non de séparer une puissance de l'autre, moins encore de les mettre en lutte, mais bien d'établir entre elles cette concorde qui est en harmonie avec les attributs spéciaux que chaque société tient de sa nature. »

Encyclique Quanta cura du 8 décembre 1864 sur les principales erreurs politico-religieuses - Pie IX :

"N'omettez pas non plus d'enseigner que " le pouvoir de gouverner est conféré non pour le seul gouvernement de ce monde, mais avant tout pour la protection de l'Église " et que " rien ne peut être plus profitable et plus glorieux aux chefs d'États et aux Rois que *ce que Notre Prédécesseur saint Félix, rempli de sagesse et de courage, écrivait à l'empereur Zénon : " Qu'ils laissent l'Église catholique se gouverner par ses propres lois, et ne permettent à personne de mettre obstacle à sa liberté."*

Le retour à un ordre moral ne peut se faire qu'en instaurant une religion d'État : la Très Sainte Religion Catholique. Entre l'Église et l'État il n'y aura ni confusion, ni séparation, mais distinction des pouvoirs et soumission de l'ensemble à Dieu. L'autorité royale accorde au contraire aide et privilèges au clergé pour la parfaite réalisation de ses buts religieux et humains. Et elle le défend contre tout ce qui porterait atteinte à son honneur, à son ministère ou à ses biens.

L'Église de France sera donc libre de réorganiser ses diocèses comme elle l'entend et de redisposer de tous les lieux de culte catholique. L'Église sera libre d'évangéliser, d'administrer les sacrements, d'éduquer, de s'organiser et de gérer les biens matériels utiles à son développement conformément au droit canon et en Union avec le Pape.

Aide sera faite au développement d'aumôneries militaires, pénitentiaires, hospitalières, scolaires, etc.

Les crucifix dans tous les établissements publics seront rétablis avec des statues de la Très Sainte Vierge, Reine de France, dans toutes les mairies en lieu et place des bustes de Marianne.

Des temps de prière auront lieu dans les prisons.

CEC 2503 : *Les évêques doivent, par eux-mêmes ou par délégation, veiller à promouvoir l'art sacré, ancien et nouveau, sous toutes ses formes, et à écarter, avec le même soin religieux, de la liturgie et des édifices du culte, tout ce qui n'est pas conforme à la vérité de la Foi et à l'authentique beauté de l'art sacré.*

MESURES SYMBOLIQUES

La fête de Pâques sera le même jour pour tous les chrétiens.

L'heure sera calée une fois pour toutes sur le meilleur niveau d'ensoleillement.

Les logos se baseront sur l'héraldique.

La construction de la Croix de Dozulé sera étudiée.

Un programme de construction de cathédrales sera étudié.

Abolition du drapeau tricolore et de la Marseillaise.

Le drapeau Bleu, Blanc, Rouge sera remplacé par un drapeau conforme à la demande du Sacré-Cœur à

Sainte Marguerite-Marie Alacoque le 17 juin 1689 pour Louis XIV « *Fais savoir au Fils aîné de mon Sacré-Cœur que comme sa naissance temporelle a été obtenue par la dévotion aux mérites de ma Sainte Enfance, de même il obtiendra sa naissance de grâce et de gloire éternelle par la consécration qu'il fera de lui-même à mon Cœur adorable qui veut triompher du sien et, par son entremise, de celui des grands de la terre. Il veut régner dans son palais, être peint sur ses étendards et gravé dans ses armes, pour les rendre victorieuses de tous ses ennemis, en abattant à ses pieds ces têtes orgueilleuses et superbes, pour les rendre triomphantes de tous les ennemis de la Sainte Église* ».

Sur la monnaie, faire référence à Dieu. Par exemple : « Dieu protège la France » ; « Dieu bénit la France » ...

Certaines rues seront débaptisées pour faire honneur à nos saints, nos génies et nos héros nationaux, européens ou d'autres continents.

Le Décalogue sera affiché dans les bâtiments publics, ainsi qu'une statue de la Très Sainte Vierge Marie, patronne principale de la France.

LA LITURGIE EN FRANCE

Tous les bâtiments de culte catholique seront déclarés patrimoine national.

Il y aura des prières publiques au début de chaque session parlementaire et à la rentrée des tribunaux. Le caractère religieux du serment judiciaire sera réintroduit. Le Crucifix sera réintroduit visiblement et en hauteur dans les tribunaux, les écoles, l'armée, la marine, et tous les établissements publics.

La messe tridentine aura la primauté sur les messes en

langues vernaculaires. Par respect pour le Très Saint Sacrement, il n'y aura plus de « signe de paix » entre les fidèles pendant la célébration eucharistique.

Il conviendra de retrouver la forme des rites d'avant la réforme introduite par le Concile Vatican II et de donner la possibilité aux prêtres de baptiser lorsqu'il juge la personne prête en s'adaptant aux circonstances. L'imposition du scapulaire brun au moment de la 1re communion sera proposée avec la récitation obligatoire du chapelet de Saint Michel Archange avant.

Ce chapelet est issu d'une apparition de Saint Michel Archange à Antonia d'Astoniac où il lui indiqua vouloir être honoré par neuf salutations correspondant aux neuf chœurs des anges, chaque salutation étant composé d'un *Notre père* et de trois *Je vous salue Marie*.

Ce chapelet nous dit que dans sa lutte contre les forces du Mal, Saint Michel compte sur l'aide des 9 chœurs des anges pour remporter la victoire contre Satan et aussi par l'intercession de la Vierge Marie, surnommée la Reine des Anges.

Saint Michel Archange assura que quiconque prierait ce chapelet avec dévotion et foi avant de recevoir la Sainte Communion serait entouré par un ange de chaque chœur pour l'accompagner à l'autel. Il promit aussi l'assistance durant la vie et après la mort.

Les femmes se couvriront la tête lors des offices.

1Corinthiens 11 :

« *1 Soyez mes imitateurs, comme je le suis moi-même du Christ. 2 Je vous loue, [mes frères], de ce que vous vous souvenez de moi à tous égards, et de ce que vous retenez mes instructions telles que je vous les ais données. 3 Je veux cependant que vous sachiez que le chef de tout homme c'est le Christ, que le chef de la femme, c'est l'homme, et que le chef du Christ, c'est Dieu. 4 Tout homme qui prie ou qui prophétise la tête couverte déshonore sa tête.* **5 Toute femme qui prie ou qui prophétise la tête non voilée déshonore sa tête: elle est comme celle qui est rasée.** *6 Si une femme ne se voile pas la tête, qu'elle se coupe* *aussi les cheveux. Or, s'il est honteux à une femme d'avoir les cheveux coupés ou la tête rasée, qu'elle se voile.* ⁷ *L'homme ne doit pas se couvrir la tête, parce qu'il est l'image de la gloire de Dieu, tandis que la femme est la gloire de l'homme.* ⁸ *En effet, l'homme n'a pas été tiré de la femme, mais la femme de l'homme;* ⁹ *et l'homme n'a pas été créé pour la femme, mais la femme pour l'homme.* ¹⁰ *C'est pourquoi* **la femme doit, à cause des anges, avoir sur la tête un signe de sujétion.** ¹¹ *Toutefois, ni la femme n'est sans l'homme, ni l'homme sans la femme, dans le Seigneur.* ^{12,} *Car, si la femme a été tirée de l'homme, l'homme aussi naît de la femme, et tout vient de Dieu.* ¹³ *Jugez-en vous-mêmes: est-il bienséant qu'une femme prie Dieu* *sans être voilée? [14] La nature elle-même ne nous enseigne-t-elle pas que c'est une honte à un homme de porter de longs cheveux, [15] tandis que c'est une gloire pour la femme qu'une longue chevelure, parce que la chevelure lui a été donnée en guise de voile? [16] Si quelqu'un se plaît à contester, nous n'avons pas cette habitude, non plus que les Églises de Dieu. »*

Les fidèles recevront la communion sur les lèvres et si possible à genoux.

Voici les conséquences les plus graves de la pratique actuelle de réception de la communion dans la main :

– la réduction ou la disparition de tout geste de révérence et d'adoration ;

– l'emploi pour la réception de la sainte Communion d'un geste habituellement utilisé pour la consommation des aliments ordinaires, d'où résulte une perte de Foi en la Présence réelle, surtout parmi les enfants et les jeunes ;

– la perte abondante de parcelles de la sainte Hostie et leur profanation consécutive, surtout en l'absence de plateau lors de la distribution de la sainte Communion ;

– un autre phénomène qui se répand de plus en plus : le vol des saintes Espèces.

Des prières pour le roi de France seront faites à l'école et à la fin de la messe.

1 Timothée 2 :

« *1 Avant tout, j'exhorte donc à faire des supplications, des prières, des requêtes, des actions de grâces pour tous les hommes, 2 pour les rois et tous ceux qui sont constitués en dignité, afin que nous puissions mener une vie calme et tranquille, en toute piété et honnêteté.* »

Chaque paroisse instaurera quotidiennement un temps de prière du chapelet et un temps d'Adoration.

La pratique de l'Angélus le matin, le midi et le soir sera réintroduite.

Le prêtre bénira tous les bâtiments publics en fin de chantier ainsi que les champs aux Rogations. Les processions seront encouragées.

Consécrations annuelles de la France, par toutes ses paroisses au Sacré-Cœur, au Cœur Immaculé, au Cœur Très Chaste de Saint Joseph et à la protection de Saint Michel archange.

« La France est toujours bien chère à mon divin Cœur, et elle lui sera consacrée, mais il faut que ce soit le roi lui-même qui consacre sa personne, sa famille et tout son

royaume à mon divin Cœur; et qu'Il lui fasse élever un autel, comme on en a élevé un, au nom de la France, en l'honneur de la Sainte Vierge. Je prépare à la France un déluge de grâces, lorsqu'elle sera consacrée à mon divin Cœur [...] la France sera consacrée à mon divin Cœur ; et toute la terre ressentira des bénédictions que je répandrai sur elle. La foi et la religion refleuriront en France par la dévotion à mon divin Cœur. »

Sœur Marie de Jésus (1797-1854), religieuse de la Congrégation Notre-Dame (chanoinesses de Saint-Augustin) au Couvent des Oiseaux, vision du 21 juin 1823, Paris, fête du Sacré-Cœur, le vendredi après l'octave du Saint-Sacrement:

Marie de Jésus , dans son extase du 3 mai 1822 a aussi reçu de Jésus-Christ le désir que le Roi consacrât sa famille et tout son royaume à son divin Cœur, comme autrefois Louis XIII à la Sainte Vierge ; qu'il devait en faire célébrer la fête solennellement et universellement tous les ans, le vendredi après l'octave du Saint-Sacrement et qu'enfin il bâtisse une chapelle et ériger un autel en son honneur. À cette condition le roi, la famille royale et la France entière recevraient les plus abondantes bénédictions.

***

Le 7 juin 1660, Saint Joseph apparaît à un jeune berger nommé Gaspard Ricard, sur le mont Bessillon, dans l'actuel département du Var. Alors que Gaspard est sur le point de mourir de soif, Saint Joseph lui dit : « *Je suis Joseph, soulève ce rocher et tu boiras.* » Gaspard obéit, et une source jaillit miraculeusement à cet endroit. Cette source, toujours active aujourd'hui, est devenue un lieu de dévotion.

Dès le 9 août de la même année, les habitants de Cotignac entreprennent la construction d'une chapelle sur le lieu de l'apparition. Informée, l'autorité religieuse mène une enquête rigoureuse, conclut à l'authenticité des faits, et autorise officiellement la construction de la chapelle.

Ce miracle, ainsi que l'éloquence de Bossuet, incitent le Roi Louis XIV à exprimer sa reconnaissance et celle du Royaume envers Saint Joseph. Par un Arrêt du 17 mars 1661, le roi consacre la France à Saint Joseph, une consécration publique qu'il réalise deux jours plus tard, le 19 mars. Cet acte royal marque le début d'une ère de prospérité et de rayonnement pour la France, connue comme le Grand Siècle français, avec des répercussions positives tant à l'intérieur du Royaume qu'à l'extérieur, notamment dans le domaine des Missions.

Instaurer la fête du Cœur Très Chaste de Saint Joseph le mercredi qui suit les fêtes du Sacré-Cœur et du Cœur Immaculé, ainsi qu'une fête en l'honneur de Marie, Reine de la Paix.

Répondre à la Demande de Dieu le Père :

« Ce que JE désire seulement le voici : Qu'un jour ou du moins un dimanche, soit consacré à m'honorer tout particulièrement sous le NOM DE PÈRE DE

L'HUMANITÉ toute entière. JE voudrais pour cette fête, une Messe et un Office propres. Il n'est pas difficile d'en trouver les textes dans l'Écriture Sainte. Si vous préférez Me rendre ce Culte Spécial un dimanche, JE choisis le premier dimanche d'Août: si vous prenez un jour de la semaine, JE préfère que ce soit toujours le 7 de ce même mois. »

Message de Dieu le Père à Mère Eugenia E. Ravasio.

Un sanctuaire international à Saint Joseph et un sanctuaire en l'honneur du Christ-Roi seront bâtis. Le latin, langue de l'Église universelle, sera utilisé dans les sanctuaires internationaux (Lourdes, la Salette...).

<u>Liste des fêtes religieuses chômées (en dehors des fêtes chômées de 1re classe tombant un samedi ou dimanche):</u>

Noël, Mercredi des Cendres, Vendredi Saint, Pâques, Ascension et Pentecôte, Fête de Saint Sacrement, Fête du Très Précieux Sang, Fête du Christ-Roi, Toussaint.

1° janvier : Solennité de Sainte-Marie, Mère de Dieu

19 mars et 1er mai : Fêtes de Saint Joseph

25 mars : Solennité de l'Annonciation du Seigneur

30 mai : Fête de Sainte Jeanne d'Arc, patronne secondaire de la France

Les jours de la Consécration annuelle de la France au Sacré-Cœur (un vendredi) ; au Cœur Très Chaste de Saint Joseph (un mercredi) et à celui de la consécration de la France à la protection de Saint Michel Archange (29 septembre).

15 août : Solennité de l'Assomption de la Vierge Marie

22 août : Mémoire de la Vierge Marie Reine

8 septembre : Fête de la Nativité de la Vierge Marie

1er octobre : Fête de Sainte Thérèse de Lisieux, patronne secondaire de la France

2 octobre : commémoration de tous les fidèles défunts

8 décembre : Solennité de l'Immaculée Conception

Chaque corporation pourra chômer quelques fêtes de saints locaux ou saints patrons.

ANNEXES

Les raisons de croire en Dieu, Jésus-Christ et son Église :

Voici une vidéo de 48 minutes « *Démonstration de l'existence de Dieu et raisons de croire chrétiennes* » sur la chaîne Youtube « Marie de Nazareth » :

Une autre vidéo *« Certitude de l'existence de Dieu »* en complément, toujours sur la même chaîne :

<u>Les principales dévotions :</u>

<u>Le chapelet de la Divine Miséricorde :</u>

Le chapelet de la miséricorde divine a été enseigné par le Christ lui-même à Sainte Faustine Kowalska (1905-1938), lors d'une de ses nombreuses apparitions dont il la gratifia. Il lui demanda d'être l'apôtre de sa miséricorde. Voici entre autres ce que le Christ a déclaré :

Extraits du « Petit Journal » de Sainte Faustine :

« Tu feras de grandes choses si tu t'abandonnes entièrement à ma volonté en disant : « *Qu'il en soit non pas comme je veux, mais selon Ta volonté, ô Dieu* ». Sache que ces paroles prononcées du fond du cœur transportent l'âme en un instant au sommet de la sainteté. »

« Ma fille, à chaque fois que tu entendras l'horloge sonner quinze heures, plonge-toi toute entière en ma Miséricorde, adore-la et glorifie-la. [...] À cette heure-là, tu peux tout obtenir pour toi et pour les autres. »

« En cette heure, je ne saurais rien refuser à l'âme qui me prie par ma Passion. C'est une heure de grande miséricorde pour le monde entier. »

« Même le pécheur le plus endurci, s'il récite le Chapelet de la Divine Miséricorde une seule fois, obtiendra la grâce de mon infinie miséricorde. » 687

« Les âmes qui réciteront le Chapelet de la Miséricorde Divine seront enveloppées par ma miséricorde pendant leur vie et surtout à l'heure de la mort. » 754

« À l'heure de la mort, je défends comme ma propre gloire chaque âme qui récite le Chapelet de la Miséricorde Divine ou bien si d'autres le récitent près de l'agonisant, l'indulgence est la même. » 811

« Si l'on récite le Chapelet de la Miséricorde Divine auprès d'un agonisant, je me tiendrai entre Le Père et l'âme agonisant, non pas en tant que Juge juste, mais comme Sauveur miséricordieux. » 1541

« Par le Chapelet de la Miséricorde Divine tu obtiendras tout, si ce que tu demandes est conforme à ma volonté. » 1731

« Toute âme qui croit et a confiance en ma miséricorde l'obtiendra. » 420

Pour prier le chapelet à la Miséricorde Divine (sur un chapelet normal) :

Sur les gros grains une fois:

Père Eternel, je T'offre le Corps et le Sang, l'Âme et la Divinité de Ton Fils bien-aimé, notre Seigneur

Jésus-Christ, en réparation de nos péchés et de ceux du monde entier.

Sur les petits grains, 10 fois:

Par Sa douloureuse passion, sois miséricordieux pour nous et pour le monde entier.

Pour terminer, 3 fois:

Dieu Saint, Dieu Fort, Dieu Eternel, prends pitié de nous et du monde entier.

204

Jésus donna le sens de cette image :

« Les rayons signifient le sang et l'eau qui ont jailli des profondeurs de ma miséricorde lorsque mon Cœur fut ouvert par la lance sur la croix. Les rayons blancs représentent l'eau qui purifie les âmes, les rouges symbolisent le sang qui est la vie des âmes... Heureux celui qui vivra à l'ombre de ces rayons. **Je promets que l'âme qui honorera cette image ne sera pas perdue. Je lui promets aussi la victoire sur ses ennemis dès ici-bas, et spécialement à l'heure de la mort. Moi-même je la défendrai comme ma propre gloire.** » Petit Journal de Sainte Faustine.

<u>**Chapelet à Saint Michel Archange qui a des grâces signalées :**</u>

Saint Michel Archange assura lors d'une apparition Antonia d'Astoniac que quiconque prierait ce chapelet avec dévotion et foi avant de recevoir la Sainte Communion serait entouré par un ange de chacun des 9 chœurs pour l'accompagner à l'autel. **Il promit aussi l'assistance durant la vie et après la mort.**

Pour le prier :

http://notredamedesneiges.ov
er-blog.com/article-
3921086.html

Pour le prier en musique :
*"Chapelet de Saint Michel Archange
(en musique, par les Chœurs de St
Michel)"* **sur Youtube :**

**SINON JE PRÉCISE QUE PRIER
AU NOM DES <u>TRÈS SAINTES
LARMES DE LA TRÈS SAINTE
VIERGE</u> ET <u>AUX PLAIES DE</u>**

NOTRE-SEIGNEUR JÉSUS-CHRIST EST BÉNÉFICIER AUSSI DE CE QU'IL Y A DE PLUS PUISSANT SUR CETTE TERRE.

Prière complète de Consécration quotidienne aux trois Sacrés Cœurs de Jésus, Marie et Joseph :

Sacré-Cœur de Jésus, Cœur Immaculé de Marie, Cœur très Chaste de Saint Joseph, Je vous consacre en ce jour Mon esprit (+), Mes paroles (+), Mon corps (+), Mon cœur (+) et Mon âme (+), afin que s'accomplisse à travers moi en ce jour Votre Sainte Volonté. Amen.

2 SACRAMENTAUX DE CHOIX :

1/ L'HUILE DU LAUS :

Dans la basilique Notre-Dame du Laus, près de l'autel de la chapelle de Bon Rencontre où la Très Sainte Vierge Marie est apparue à Benoîte Rencurel durant le XVIIe siècle, une lampe brûle en permanence, alimentée par de l'huile, pour indiquer la présence réelle de Jésus dans le tabernacle.

Ces apparitions ont été reconnues officiellement par l'Église le 4 mai 2008.

« La Bonne Mère du Ciel dit à Benoîte, au commencement de la dévotion, que l'huile de la chapelle, **si on en prend et que l'on s'en applique, si on recourt à son intercession et que l'on a la foi,**

qu'on guérira. » (Pierre Gaillard, vicaire général du diocèse de Gap, contemporain de Benoîte.).

Pour en acheter :

http://www.sanctuaire-notredamedulaus.com/fr/prier-notre-dame-du-laus/huile-du-laus.html

<u>2/ LA MÉDAILLE MIRACULEUSE DE LA RUE DU BAC</u> :

"Ceux qui porteront cette médaille avec confiance recevront de grandes grâces."

Notre-Dame à Sainte Catherine Labouré en 1830.

POUR EN ACHETER PAR LOT DE 100 A UN PRIX MODIQUE :

https://www.traditions-monastiques.com/fr/5-medailles-religieuses-ste-vierge-marie7

LA CONDITION D'UNE INDULGENCE PLÉNIÈRE EN QUELQUES SECONDES

Rappel :

L'indulgence plénière est la remise totale des peines dues pour nos péchés. Nous pouvons les offrir pour un défunt ou nous l'appliquer à nous-mêmes.

On ne peut gagner une indulgence plénière qu'une fois par jour, à condition de :

- avoir l'intention de la gagner ;

- une exclusion de toute attache au péché, même véniel (cela veut dire que l'on préférerait mourir plutôt que de commettre délibérément un péché véniel) ;

> – se confesser dans la huitaine avant ou après l'œuvre prescrite ;
> - communier le jour même ;
> - prier aux intentions du Pape (ou toute autre prière par exemple un "Notre-Père" + un « Je vous salue Marie » + un « Gloria »).

Par souci d'efficacité, nous pouvons avoir recours à cette courte prière avec indulgence plénière une fois le jour aux conditions ordinaires par concession de la Sacrée Pénitencerie du 21 février 1923 :

« Ô, Christ Jésus, je vous reconnais pour Roi universel. Tout ce qui a été fait a été créé pour vous. Exercez sur moi tous vos droits.

Je renouvelle mes promesses du baptême en renonçant à Satan, à ses pompes et à ses œuvres et je promets de vivre en bon chrétien. Et tout particulièrement, je m'engage à faire triompher selon mes moyens les droits de Dieu et de votre Église.

Divin Cœur de Jésus, je vous offre mes pauvres actions pour obtenir que tous les cœurs reconnaissent votre Royauté sacrée, et que, ainsi, le règne de votre paix s'établisse dans l'univers entier. Ainsi soit-il.

www.ingramcontent.com/pod-product-compliance
Lightning Source LLC
Chambersburg PA
CBHW061628250726

48659CB00004B/1120